Jean-Pierre de La Rocque
Corinne Tissier

Guerre & Paix dans le vignoble

LES SECRETS DE DOUZE GRANDES DYNASTIES DU VIN

SOLAR ÉDITIONS

Sommaire

Introduction

Romanée-Conti, Lafite Rothschild, « Cristal » de Roederer... ces nectars font rêver depuis des lustres les amateurs de bonnes bouteilles. Everest bachique du connaisseur trop modeste pour se les offrir, Cupidon attitré des princesses et des princes, invités d'office à la table des grands de ce monde, ces trésors viniques appartiennent à quelques dynasties qui ont su transmettre au fil des générations un patrimoine aussi unique que fragile.

Qu'elles soient aujourd'hui à la tête d'un petit empire viticole comme les Antinori, marchands de tissus florentins à l'origine et négociants en vin depuis plus de six cents ans, qu'elles fassent cave à part comme les Rothschild de Mouton et ceux de Lafite, les Lurton de Climens et ceux de La Louvière, qu'elles tissent leur pelote de père en fils comme les Hugel ou qu'elles cogèrent ensemble un patrimoine d'exception, à l'image des Villaine et des Leroy avec le Domaine de la Romanée-Conti, ces familles ont fait beaucoup plus que préserver un héritage. Même si certaines d'entre elles ont loupé des occasions en or, comme les Lurton qui auraient pu mettre la main sur Château Margaux dans les années 1930. Ou à l'image de feu Maurice Drouhin, ex-patron de la prestigieuse maison bourguignonne éponyme, qui, incarcéré à Fresnes lors de la Seconde Guerre mondiale, a dû décliner l'offre de rachat de la moitié du Domaine de la Romanée-Conti.

À l'origine même de la maison qui porte leur patronyme ou devenues propriétaires au cours de l'histoire de domaines déjà réputés, les familles dont nous vous contons ici l'épopée font du vin depuis trois générations au moins. Certes, pour plusieurs d'entre elles, la transmission ne s'est pas effectuée en ligne directe mais par le jeu complexe des alliances et des pièces rapportées, à l'image de Roederer ou de Bollinger. Bien sûr, les Symington, rois du porto et propriétaires des marques Dow's, Warre's, W. & J. Graham's, ou la famille Perrin, dont la troisième génération est aux commandes du Château de Beaucastel à Châteauneuf-du-Pape, auraient mérité d'y figurer. Pour des questions d'équilibre entre les grandes régions viticoles françaises, nous n'avons pas, à regret, pu raconter l'histoire des Barton, famille d'origine irlandaise, propriétaires de Léoville Barton depuis 1826. Mais cet ouvrage ne prétend pas à l'exhaustivité. Quant aux dynasties en herbe comme la famille Moueix, propriétaire du fameux Petrus, ou les Alvarez, heureux possesseurs de son équivalent espagnol, le domaine Vega Sicilia, en Rioja, elles n'atteignent pas encore la barre fatidique des trois générations retenues pour cette enquête.

Plus résistantes que leurs ceps !

Guerres ou révolutions, pandémies humaines ou viticoles, luttes fratricides... elles se sont montrées plus résistantes que leurs ceps de vigne au phylloxéra ! Quel est donc le secret de leur longévité ? Seulement 15 % des entreprises familiales passent à la troisième génération. Qu'en est-il pour le vin ? Aucune statistique officielle sur le sujet. « Mais la maxime populaire selon laquelle le fondateur d'une dynastie soit un aigle, le deuxième un faucon et le troisième un vrai c... se vérifie aussi dans le vin ! » ironise Jean-Philippe Hugel, P-DG de la prestigieuse maison alsacienne.

Longtemps, le passage de relais s'est effectué de père en fils pendant des générations. Quand il y avait plusieurs garçons, le droit d'aînesse primait. Parfois, pour renflouer un vignoble mal en point, l'héritier épousait un bon parti. Et la fille pouvait se marier avec le fils de son courtier ou de son principal distributeur. Les domaines viticoles étaient, en outre, dirigés par des *pater familias* qui savaient imposer leur loi et taper du poing sur la table dès qu'un de ses enfants bougeait une oreille. Et les femmes dans toutes ces histoires ? À l'exception de la Champagne avec ses veuves célèbres – Clicquot, bien sûr, mais aussi Camille Olry-Roederer ou Elizabeth Bollinger –, elles sont restées dans l'ombre, soumises à leurs époux. Aujourd'hui, les femmes prennent (enfin !) le pouvoir, à l'image de Philippine de Rothschild qui avait ouvert le bal dans les années 1980.

Pour que la magie ne cesse jamais

« Ce vin a été élaboré avec une rare exigence au sein de notre maison fondée en 1880, où passion et savoir-faire se sont transmis comme un héritage familial à travers quatre générations. » À l'évidence, toutes les dynasties viticoles pourraient reprendre à leur compte le message inscrit sur la contre-étiquette du Clos des Mouches, célèbre cru de la Côte de Beaune détenu par les Drouhin. Toutes revendiquent cette même volonté de transmettre à la génération suivante cette flamme intacte, cette envie de faire de très grands vins pour que la magie ne cesse jamais. « Une société familiale, ce sont des valeurs. Nous mettons en avant notre longévité et notre caractère intemporel, car nous voulons faire de la qualité », plaide Hubert de Billy, représentant de la cinquième génération, propriétaire des Champagnes Pol Roger. Bien sûr, à l'image de Lafite ou du Domaine de la Romanée-Conti, certains de ces fameux flacons affichent une renommée très antérieure à l'entrée des Rothschild ou des Villaine dans les vignobles concernés. Mais la greffe semble avoir si bien pris que les propriétaires actuels passeraient presque pour les héritiers d'une seule et même lignée ! À l'inverse, pour les Müller en Allemagne, les Mellot à Sancerre ou les Hugel en Alsace, la naissance de leur vin se confond pour ainsi dire avec leurs propres origines. « Lorsque les gens dégustent votre vin, ils veulent aussi que vous leur racontiez votre terroir, votre histoire et celle de votre famille », observe Véronique Drouhin. Certains l'ont bien compris et n'hésitent pas à le mettre toujours en avant pour vendre leur vin. Même si la lignée s'est arrêtée à la neuvième génération, comme ce fut le cas de la famille Bouchard. La mention « Grands vins de Bourgogne depuis 1731 » figure ainsi toujours sur les étiquettes de Bouchard Père & Fils, alors que le négociant bourguignon a été racheté en 1995 par Joseph Henriot, lui-même issu de la famille propriétaire de la maison de champagne éponyme. Mais ce n'est pas tout. Mettre son nom sur une étiquette constitue déjà une grande fierté pour tout vigneron. Rajouter Rothschild à Mouton ou à Lafite, cosigner chaque bouteille de romanée-conti comme le font Aubert de Villaine et Henry-Frédéric Roch doit faire vibrer encore plus les ego. Derrière le prestige se cache aussi une responsabilité plus lourde : respecter le terroir et l'histoire, innover sans trahir, et assurer l'avenir. « Quand vous arrachez une vigne pour en replanter une autre, vous engagez la génération suivante et celle d'après », observe Piero Antinori. Les représentants des dynasties que nous avons rencontrés sont unanimes. L'autonomie financière constitue un gage de qualité dans une activité dont l'horizon va bien au-delà du prochain millésime. Pas de compte à rendre, en effet, tous les mois ou tous les trimestres à de très grands groupes industriels ou financiers préoccupés par la rentabilité à court terme et déconnectés des réalités viticoles. « La force d'une affaire familiale indépendante est justement de pouvoir faire des choix à long terme. Quand nous constatons que le raisin n'est pas à la hauteur pour figurer dans les meilleures cuvées, nous n'en mettons pas. Financièrement, ce n'est pas neutre. Mais la réputation d'une maison se construit sur des générations. Elle peut être ruinée en quelques millésimes », estime Piero Antinori.

Des affres de la transmission

« Dans le vin, le lâcher-prise est d'autant plus délicat que le vigneron s'identifie à son produit », observe Jacques-Antoine Malarewicz, spécialiste des entreprises familiales*, « au point de devenir parfois un enfant qui compte plus que les vrais ». À la fois bâtisseur d'empire et vigneron, André Lurton éprouve ainsi de grandes difficultés à passer le relais. Au grand dam de ses enfants, en particulier de son fils Jacques auquel il avait fait miroiter la reprise de l'affaire. À l'inverse, prendre le relais n'est pas simple non plus, surtout quand le père fait figure d'autorité dans le petit monde du vin. « Le vin de mon père, c'est mon sang. Critiquer son vin, c'est le remettre en cause », confie la descendante d'une petite dynastie viticole de Saint-Émilion. « Hériter d'un domaine viticole représente à la fois une chance unique et un poids énorme. Croyez-moi ! » reconnaissait une héritière de Lucien Lurton.

Rares sont ceux, en effet, qui ont le caractère assez trempé pour débarquer leur père comme l'a fait fin 1989 Michel Chapoutier, patron du groupe éponyme, alors que l'entreprise allait droit vers le dépôt de bilan. Afin de faciliter le passage de témoin, certaines dynasties optent pour la transition douce, avec des périodes de cohabition plus ou moins longues entre les générations, à l'image des Drouhin, des Hugel ou de la famille Torres en ce moment. Même si cela n'empêche pas les conflits de génération. En charge du vignoble et des vins de la maison depuis plus de dix ans, Marc Hugel se souvient de l'œil moqueur de son oncle Jean, quand, peu après son retour d'Australie au début des années 1980, il lui vantait les mérites – évidents, aujourd'hui – du contrôle de la température lors de la fermentation alcoolique du raisin. Pas facile non plus de se mettre d'accord sur le choix du successeur lorsque les maisons sont détenues par deux ou plusieurs familles. Pour éviter le *casus belli* que provoquerait la nomination en force d'un dirigeant issu d'une des familles actionnaires, certains choisissent de confier la gestion à un *manager* extérieur, comme chez Bollinger, Pol Roger ou Laurent-Perrier. « Mieux vaut prendre un type compétent à l'extérieur que de choisir un nul issu de la famille », dit un membre d'une grande dynastie du vin. Mais celui-ci n'est souvent considéré que comme un régent. « Aux yeux de l'extérieur, ce n'est pas son vin, ni son vignoble. Pour les actionnaires familiaux, son rôle est de faire tourner la maison, pas de jouer les psy. Sinon, il risque de sauter très vite ! » analyse Jean-Luc Coupet, « monsieur Transactions viticoles » à la banque UBS. À moins que cette nomination conjuguée à la mise en Bourse de l'affaire ne soit le prélude à sa vente, comme certains le murmurent pour les champagnes Laurent-Perrier.

Transmission de... valeurs

« Dans le vin, le mot "valeur" a un sens moral, qui correspond à une éthique de vie, mais aussi à une forte dimension patrimoniale », poursuit Jean-Luc Coupet. Longtemps, le vin a été considéré comme un produit agricole et, à l'exception des grands noms, les vignes ne valaient pas grand-chose. « Nos ancêtres ne vivaient pas dans la misère, mais ce n'était pas Byzance. Croyez-moi ! » constate André Hugel. La donne a changé depuis trente ans. Les prix des meilleurs vignobles ont flambé et ceux des grands vins aussi. Du coup, comme l'a dit un jour Philippine de Rothschild, les « caves sont devenues des coffres-forts ». Autrefois, la qualité des vins dépendait des caprices de la nature. Jusque dans les années 1970, chaque décennie comptait, en effet, plusieurs mauvais millésimes. Aujourd'hui, sauf catastrophe naturelle, les années sont au pire moyennes mais jamais vraiment mauvaises, en particulier dans les grandes maisons. Tandis que les grands vins n'ont cessé depuis trente ans de progresser en régularité, grâce à l'amélioration des techniques, la demande, elle, a explosé avec la mondialisation. Mais à la différence d'un produit de grand luxe dont l'offre est volontairement rationnée, le vin, lui, reste un produit dont la quantité mise sur le marché est naturellement limitée. Pas étonnant dans ces conditions que les prix de ces nectars ne cessent de grimper, même si la crise de 2008 semble avoir cassé pour le moment cette ascension vertigineuse. Conséquence logique, la flambée des cours de ces grands vins a logiquement fait exploser la valeur des vignobles dont ils sont issus. En Bourgogne, comme à Bordeaux, le prix des meilleures appellations a été multiplié par deux en à peine une décennie. Les actionnaires minoritaires des domaines viticoles familiaux ont compris qu'ils étaient assis sur une mine d'or. Doucement mais sûrement, le poison de la spéculation gangrène encore plus des relations déjà polluées par les secrets de famille.

Dynasties au bord de la crise de nerfs

Posséder un très grand vignoble sur un siècle, voire beaucoup plus, n'anoblit pas toujours le comportement de ses propriétaires successifs ! Même si certains portent haut un titre nobiliaire... plus de deux cents ans après la fin de l'Ancien Régime. Que dire en effet de la bagarre qui a opposé le comte Alexandre de Lur-Saluces, directeur de Château d'Yquem pendant vingt-neuf ans, au reste de sa fratrie autour de l'avenir du prestigieux vignoble de Sauternes entré dans la famille depuis 1785 ? Face à son frère et ses cousins qui lui reprochaient de s'asseoir sur leurs revendications légitimes d'actionnaires du prestigieux vignoble, Alexandre de Lur-Saluces eut le tort de jouer la carte du mépris. Il était le seul, l'unique seigneur d'Yquem et ne supportait pas que l'on conteste son autorité. Après tout, devait-il penser en son for intérieur, c'est moi qui ai fait progresser Yquem, pas eux, les cupides, qui ne pensent qu'à toucher leurs dividendes. Après avoir recuit leurs haines et leurs frustrations pendant des années, les « méchants » ont pris leur vengeance avec la cession, en 1997, de leurs actions à Bernard Arnault, patron de LVMH. Puis à l'issue d'une longue bataille judiciaire, Alexandre de Lur-Saluces a fini par trouver, deux ans plus tard, un accord pour qu'Yquem passe dans le giron du roi du luxe. L'histoire de Château d'Yquem constitue un excellent cas d'école. Elle résume la problématique à laquelle sont confrontées nombre d'affaires familiales dans le vin. D'un côté, un gérant, Alexandre de Lur-Saluces, obsédé par la volonté de faire le meilleur vin possible, qui profite – seul – du bien commun et récolte tous les honneurs. De l'autre, des actionnaires familiaux privés de dividendes et à la tête d'un patrimoine non liquide (pas cessible en Bourse) et d'autant moins vendable qu'il ne rapporte rien.

Des intérêts divergents qui sont d'autant plus difficiles à gérer que le nombre d'héritiers augmente au fil des générations. « Je ne sais pas si c'est une loi, mais je constate que dans les affaires familiales il y a de plus en plus d'enfants à chaque génération, observe Jean-Philippe Hugel, et on finit par se heurter inéluctablement au problème du montant du chèque qu'il faut acquitter pour dédommager ceux qui ne souhaitent pas vendre leurs parts de la maison. » Pour le plus grand bonheur des prédateurs prêts à tirer parti des différends familiaux afin de faire une bonne affaire. À l'image de l'homme d'affaires Jean-Jacques Frey (également propriétaire de Château La Lagune, troisième grand cru classé de Médoc), qui avait su jouer des bagarres familiales entre héritiers pour reprendre début 2006, à prix cassé, la Maison Paul Jaboulet Aîné, fondée en 1834, et connue pour produire l'excellent hermitage La Chapelle.

Pour indemniser son frère Ludovico, avec lequel il s'était fâché, et sa sœur, qui n'avait aucune passion pour le vin, Piero Antinori a lui dû faire entrer, dans les années 1990, un partenaire extérieur, l'Anglais Whitbread. Depuis, Piero Antinori a repris le contrôle de son affaire et prévoit de passer le relais à ses trois filles. Il n'oublie pas que l'aventure de la famille dans le vin, commencée en 1385, aurait pu s'arrêter net pour une simple dispute avec son frère. Certes, il existe des montages juridiques (séparation de l'usufruit de la nue-propriété, dissociation de l'activité commerciale de la propriété des vignobles) qui permettent de limiter l'impôt de solidarité sur la fortune (ISF) ou les droits de succession.

Hélas, aucun montage juridique ne protège contre la cupidité et la jalousie. Sans oublier les non-dits ou le mépris des parents pour leurs enfants et *vice versa*. L'art des grandes dynasties du vin est d'avoir su les gérer. Question de survie ! Sinon la belle histoire se transforme en sordide règlement de comptes digne des romans de François Mauriac ou de la série américaine Dallas. L'affrontement qui a opposé May-Éliane de Lencquesaing – surnommée « La Générale », ex-patronne du Château Pichon Longueville comtesse de Lalande – à ses quatre enfants sur l'avenir du domaine fut ainsi des plus féroces. Même si de cette histoire nous ne connaissons que son épilogue officiel : la vente du cru classé à Roederer. Enfin, évoquer la succession d'Aubert de Villaine, cogérant du Domaine de la Romanée-Conti, fait aussi partie des sujets tabous par excellence. Circulez, il n'y a rien à dire ! Aubert de Villaine le clame : sa succession est ficelée et bien ficelée. Du cousu main ! Certes, Aubert sait tenir son monde et associer le reste de sa famille au destin de la Romanée-Conti. Mais il n'est pas sûr que son successeur bénéficie de la même aura, du même talent pour convaincre ses frères, sœurs, cousins et cousines, oncles et tantes de garder 50 % d'un domaine mythique, évalué à plusieurs centaines de millions d'euros.

Préserver l'unité familiale

L'unité familiale autour d'un projet viticole ambitieux constitue le socle sur lequel se sont bâties les dynasties du vin. Sans cet ingrédient indispensable pour assurer l'autofinancement, donc l'indépendance financière d'affaires viticoles particulièrement voraces en capitaux, les grandes lignées finissent pas s'éteindre.

Bien sûr, comme dans d'autres business familiaux, certaines s'entourent aujourd'hui d'experts qui les épaulent pour faciliter l'intégration de la génération montante, aider un dirigeant à passer le témoin ou améliorer la gouvernance de leur maison. Mais les représentants des dynasties viticoles hésitent encore trop à se confier à des conseils indépendants et extérieurs à un monde encore souvent empoisonné par la médisance et les querelles de clocher. Du coup, le risque de voir des logiques familiales pernicieuses miner l'avenir de ces joyaux viticoles est bien réel. Robert Drouhin et Miguel Agustín Torres l'ont compris. Ensemble, ils ont créé, dès 1993, une association qui regroupe une douzaine de grandes familles européennes du vin. Baptisée Primum Familiae Vini (PFV), elle a pour but de permettre les échanges d'expériences entre ses membres notamment dans le but de mieux préparer les transmissions. Afin d'éviter les problèmes de concurrence, l'association accueille une seule famille par région viticole. « Nous partageons les mêmes valeurs et devons souvent faire face aux mêmes problématiques, observe Étienne Hugel. Nos échanges sont d'autant plus fructueux qu'avec les années nous avons tissé des liens de confiance et d'amitié. » Plusieurs membres font même des affaires ensemble, notamment à travers des accords de distribution à l'étranger. Au grand regret des fondateurs de PFV, aucun mariage entre les héritiers de ces dynasties du vin n'a encore été célébré ! Mais comme vous allez le découvrir, ces familles ont, heureusement pour elles, bien d'autres secrets pour durer.

* *Affaires de famille. Comment les entreprises familiales gèrent leur mutation et leur succession*, Jacques-Antoine Malarewicz – Village Mondial, Pearson Education France, 2006.

Elles gèrent ensemble un patrimoine viticole

Elles se partagent en toute discrétion, et depuis plusieurs générations, la propriété de deux belles maisons champenoises ou du plus prestigieux vignoble bourguignon. À la Romanée-Conti, les Leroy et leurs héritiers Roch détiennent, en effet, la moitié du célèbre domaine de la Côte de Nuits depuis 1942, aux côtés des Villaine, dont leur aïeul Jacques-Marie Duvault-Blochet a repris l'affaire en 1869. Chez Bollinger, les héritiers par le sang – branche Montgolfier et leurs cousins – sont minoritaires d'une maison de champagne contrôlée par une famille par alliance, les Bizot et Hautefeuille, neveux de l'épouse d'un Bollinger. Alors que la maison Pol Roger est aujourd'hui contrôlée par les Billy, descendants du fondateur par leur mère, aux côtés des héritiers patronymiques minoritaires.

Officiellement, tout va pour le mieux dans le meilleur des mondes. En réalité, la cohabitation viticole, déjà complexe entre les membres d'une même famille, relève carrément de l'exploit lorsque plusieurs familles se retrouvent à siéger au conseil d'administration ! Pas question, bien sûr, d'en faire état à l'extérieur. Parfois pourtant le clash éclate au grand jour, comme ce fut le cas avec l'éviction, en 1992, de Lalou Bize-Leroy de la cogérance du Domaine de la Romanée-Conti (DRC). Même si, aujourd'hui, les principaux protagonistes de cette affaire affichent une volonté d'apaisement, cet épisode a eu des conséquences sur la gestion du DRC. Nul doute aussi que Christian de Billy, chef de famille chez Pol Roger, et Arnould d'Hautefeuille, son homologue à Bollinger, ont dû utiliser tout leur talent de diplomate pour faire accepter aux familles actionnaires la nomination d'un *manager* extérieur ! Pas simple pour eux non plus de remettre en cause des pratiques viticoles ou commerciales qui ne posaient pas jusque-là de problèmes aux actionnaires. Modifier la façon de faire le vin, changer son étiquette, lancer une nouvelle politique d'image donne parfois lieu à des débats interminables. Les circuits de décision sont d'autant plus lents qu'il faut informer les représentants de chaque famille pour n'en fâcher aucune. Autrement dit, l'un des principaux mérites des copropriétaires de Bollinger, Pol Roger ou de la Romanée-Conti est d'avoir su travailler ensemble pour faire les meilleurs vins possibles... et éviter le pire.

Romanée-Conti : Villaine et Leroy pour le meilleur... malgré tout !

« La Romanée-Conti occupe à tous égards une place à part, comme si elle était née », dit Jean-François Bazin dans son livre sur la Romanée-Conti[1], qui n'hésite pas à comparer ce vin d'exception à un être vivant. Dans le verre : onze siècles d'histoire et un nectar produit à partir d'un terroir de 1 hectare 80 ares et 50 centiares racheté le 18 juillet 1760 par Louis-François de Bourbon, prince de Conti, et dont les limites exactes sont connues avec certitude depuis... 1512. Pour paraphraser Bazin, la Romanée-Conti ce n'est pas (que) du vin. Vénéré par des générations d'œnophiles et propulsé à des prix stratosphériques par des collectionneurs spéculateurs, le Domaine de la Romanée-Conti fait partie du patrimoine historique du vignoble mondial. Moins visité que la chapelle Sixtine, le diadème des vins de Bourgogne, aujourd'hui codétenu par les familles Villaine, Leroy et Roch, est néanmoins un haut lieu de pèlerinage pour les disciples de Bacchus. Pas un jour, pas une heure même, sans qu'une voiture ou des cyclotouristes ne s'arrêtent pour photographier la croix du XVIIIe siècle placée devant le muret qui ceinture ce vignoble confetti (à peine grand comme trois terrains de rugby), situé au-dessus du village de Vosne-Romanée. Enraciné dans un sol constitué de couches calcaires veinées de rose et d'argile friable (dite « marnes à *Ostrea acuminata* » en raison de l'abondance des minuscules résidus de coquilles d'huîtres qui la composent), chaque cep est taillé avec la précision d'un diamantaire.

Qualité du sous-sol, orientation de la parcelle par rapport au soleil et à la lune, déclivité naturelle, le « climat » (terroir) de la Romanée-Conti reste aujourd'hui encore une énigme. De multiples travaux ont été réalisés pour tenter de percer le mystère d'un vignoble unique en son genre, qui livre, quel que soit le millésime, un vin toujours différent de ses voisins les plus proches. En vain ! La Romanée-Conti garde ses secrets.

Goûter le précieux nectar, le mardi ou le jeudi matin en compagnie d'Aubert de Villaine, cogérant du domaine, et de son chef de cave, Bernard Noblet, capable de juger du sérieux œnologique d'un hôte en quelques regards, doit se mériter ! Ici, pas de château sorti d'un conte de fées comme à Bordeaux mais un vin chargé de vraies histoires et de fausses pistes. Mythe sur l'origine romaine du vignoble, délire sur la guérison de la fistule de Louis XIV attribuée au pouvoir miraculeux du vin, la Romanée-Conti semble avoir été « l'objet d'une conspiration secrète d'auteurs du passé, qui auraient cherché à jouer un tour aux générations suivantes », observait feu Richard Olney dans sa monographie sur le DRC[2].

Quel amateur, quel passionné, quel inconditionnel n'aurait pas, en outre, rêvé d'assister à l'une de ces dégustations légendaires, comme celle organisée au domaine le 21 mars 1991. « Nous fûmes six à nous immerger dans les mystères et le mythe de la romanée-conti, à en apercevoir les infinies variations sur le thème du terroir, à retrouver un temps que nous n'avons jamais connu... on découvre que l'on est sans poids et que l'on peut voler dans un monde où le temps n'existait plus », racontait Olney[2]. Quarante-quatre millésimes de romanée-conti furent ouverts. Outre Richard Olney et les propriétaires des lieux, Aubert de Villaine et Lalou Bize-Leroy, alors cogérants du domaine, les dégustateurs Michel Bettane et Michel Dovaz, sans oublier Serena Sutcliffe, directrice du département vin de la maison de vente aux enchères Sotheby's, étaient de la fête. « Une grande élégance, coulant, presque gouleyant – longueur sans plus – un Matisse », s'extasia ce jour-là Michel Dovaz à propos du 1929. Tandis que Serena Sutcliffe s'exclamait à propos du 1963 : « Robe profonde et brune, et non pas jaune comme en 1967 ! Nez pur porto ! Palais : un porto en Bourgogne ! Riche. Je le préfère au 1965... Plus net. » Et Michel Bettane déclarait à propos du 1978 : « Très bel équilibre en bouche : de la moelle (mais sans sensation sucrée), une belle acidité, une grande finale brillante et longue. Grande année à la hauteur des espérances. Il faut encore l'attendre au moins 25 ans ! »[2].

Pour déguster une bouteille de 1978 aujourd'hui, l'amateur doit débourser au moins 8 000 euros, et les millésimes encore plus prestigieux dépassent largement cette somme. Indiscutablement, la Romanée-Conti décroche la palme du flacon de vin rouge le plus inabordable de la planète, loin devant les français Petrus ou Yquem, l'espagnol Vega Sicilia. Nombre d'experts considèrent du coup la romanée-conti comme la valeur-refuge du vin, à l'image de l'or pour les épargnants. « Une caisse de DRC se négocie en un coup de fil. C'est le seul domaine au monde pour lequel on trouve un acheteur dans la minute ! » observe l'expert d'un grand fonds d'investissement dans le vin.

Mais le Domaine de la Romanée-Conti, ce n'est pas uniquement la Romanée-Conti. À cette prestigieuse parcelle sont en effet venues se greffer, au fil de l'histoire, celles de La Tâche, autre monopole du domaine, la moitié du cru de Richebourg, un tiers des Grands-Échézeaux, un septième d'Échézeaux, la moitié de Saint-Vivant, une goutte de Montrachet (67 ares 59 centiares) et un peu de Bâtard-Montrachet.

Du coup, contrairement à tous les autres crus rouges de la propriété, la romanée-conti n'est pas, ou de façon infinitésimale, disponible par caisses de douze. Produit à hauteur de 6 000 bouteilles contre 30 000 environ pour le tout aussi légendaire Petrus, numéroté et cosigné par les deux cogérants, Aubert de Villaine et Henry-Frédéric Roch, un seul flacon de romanée-conti est en effet réparti dans chaque caisse de 12 bouteilles, dont la composition varie chaque année en fonction de la production des autres vins de la maison.

En règle générale, une caisse de DRC comprend ainsi : une bouteille de romanée-conti, deux de la-tâche, deux de richebourg, deux de romanée-saint-vivant, deux de grands-échézeaux et trois d'échézeaux et, parfois, à titre exceptionnel, une de montrachet à la place d'un échézeaux. « Il y a une sorte de respect pour la solidité de la Romanée-Conti. Notre vin est peut-être devenu un luxe, mais c'est surtout un produit agricole, et je souhaite qu'il le reste pour le plaisir des amateurs et non des collectionneurs », déclarait Aubert de Villaine au *Figaro*[3], alors qu'il est le seul des douze familles à avoir refusé une rencontre avec les auteurs[4]. Pourtant, si l'intention démocratique est noble, réduire à un simple « produit agricole » le rouge le plus cher du monde relève de la plaisanterie. Car sans les (vilains) collectionneurs, les Villaine ne seraient pas, en effet, à la tête du plus inestimable patrimoine viticole de la planète ! Avec quelque 25 hectares de vignes plantées sur les plus beaux terroirs de Bourgogne, les propriétaires actuels du DRC sont à la tête d'un patrimoine considérable, estimé au minimum à 500 millions d'euros. Ce vignoble dégage une profitabilité exceptionnelle, avec une marge brute de 75 % pour un chiffre d'affaires qui tournerait autour des

20 millions d'euros. « À supposer qu'il soit à vendre un jour, son évaluation reste improbable tant le domaine est unique en son genre ! » tempère Jean-Luc Coupet, « monsieur Vin » de la banque UBS[4].

Des origines de la Romanée-Conti...

Rachetée fin 1869 par Jacques-Marie Duvault-Blochet, l'un des aïeux d'Aubert de Villaine, la Romanée-Conti a connu auparavant de nombreux propriétaires. Encore aujourd'hui, l'histoire de ses origines fait l'objet de débats entre spécialistes. Pour Richard Olney, il n'y avait au départ qu'une seule Romanée, détenue par les moines du prieuré de Vergy, propriétaires au XIe siècle de la « Romanée ». Selon Olney, elle fut divisée au XVIe siècle en « clous », expression de l'époque pour désigner un clos. Des clos dénommés aujourd'hui « La Romanée » : Romanée-Saint-Vivant et Romanée-Conti, ex-« Clou des Cinq-Journaux » qui fut vendu par les moines en 1584 à un certain Claude Cousin. Après être passée entre plusieurs mains, cette vigne tomba dans le giron des Croonembourg, aristocrates d'origine autrichienne naturalisés par le roi de France. Quatre générations plus tard, en juillet 1760, André de Croonembourg la vendit pour 80 000 livres à Louis-François de Bourbon, futur prince de Conti. Cédé à 2 310 livres l'ouvrée (1/24e d'hectare) contre 200 livres pour les crus voisins, le vignoble atteignait déjà un prix de vente record. Descendant d'une des plus grandes lignées de l'Ancien Régime, connu pour mener grand train, cet esthète bon vivant lui accola son nom et se réserva la totalité de la production. La Romanée devint alors la Romanée-Conti.

Du prince de Conti aux familles Villaine et Leroy

Confisqué aux Conti par la Révolution française, le domaine change encore six fois de propriétaires, et passe notamment entre les mains de Julien-Jules Ouvrard, grand notable bourguignon, qui possédait aussi le prestigieux Clos de Vougeot. Lorsque Jacques-Marie Duvault-Blochet, ancêtre des Villaine, prend le contrôle de la Romanée-Conti, ce négociant de Santenay est déjà à la tête d'un patrimoine viticole considérable de 133 hectares très bien placés. Ce féru de littérature, qui parlait anglais couramment, prenait plaisir à recevoir le poète Alphonse de Lamartine, grand amateur de ses vins[2].

À la disparition de Duvault-Blochet en 1874, la Romanée-Conti est transmise à ses deux filles : Claudine Constance Massin et Henriette Dupuis. À la suite d'échange de parcelles et de successions, Henriette Dupuis devint l'unique propriétaire de la Romanée-Conti. Comme elle n'avait pas d'héritier direct, ses biens furent partagés entre ses trois nièces, les filles de sa sœur. Après deux successions, en 1912, deux des petits-enfants de Claudine Constance Massin – Jacques Chambon et Marie-Dominique Gaudin de Villaine, née Chambon – deviennent les propriétaires. Mais, en 1942, Jacques Chambon est contraint de céder la moitié de la Romanée-Conti au négociant Henri Leroy. La France est sous occupation allemande, Edmond Gaudin de Villaine, grand-père d'Aubert, doit piloter à distance un domaine miné par des querelles successorales. Lorsqu'il apprend que Jacques Chambon est vendeur de la totalité de ses parts, soit la moitié du domaine, Henri Leroy n'hésite pas à faire une offre. Il en a les moyens, pas Edmond Gaudin de Villaine. Le 31 juillet 1942, Leroy devient propriétaire de 50 % de la Romanée-Conti.

Si l'Occupation complique très sérieusement la gestion du domaine par les Villaine, Henri Leroy, lui, n'a pas de problème avec l'occupant. Petit-fils du fondateur de la maison de négoce, c'est un homme d'affaires madré, qui a su exploiter le premier une faille dans la législation douanière entre la France et l'Allemagne signée après la Première Guerre mondiale. À l'époque, l'alcool à 24° est soumis à une taxe. Pour ne pas la payer, Leroy a créé une société en Charente qui produit et exporte des citernes de vins fortifiés à 23° seulement, que les Allemands transforment ensuite en un ersatz de cognac. Devenu un puissant négociant en vins de Bourgogne grâce à cette manne, l'ambitieux Leroy n'avait pas l'intention de s'arrêter là. « Henri Leroy a eu l'intelligence de comprendre avant les autres le capital que pourrait représenter un jour le Domaine de la Romanée-Conti », explique Jean-François Bazin. À l'époque, cela n'avait rien d'évident ! Alors codétenu par deux familles – les Chambon et Villaine – le domaine coûtait, en effet, beaucoup plus qu'il ne rapportait. « Ma famille est restée accrochée au domaine malgré les difficultés. Aussi étonnant que cela paraisse, mon grand-père le faisait vivre grâce aux revenus des fermes qu'il possédait dans l'Allier. Dans ma jeunesse, on considérait qu'on ne pouvait pas vivre en étant viticulteur. La Bourgogne était misérable », confirme Aubert de Villaine[3]. Pour le cogérant du DRC, les Villaine ne sont « en aucun cas une dynastie, simplement deux familles associées qui cherchent modestement, longtemps dans la difficulté, aujourd'hui avec plus de succès, à maintenir un domaine au niveau de l'excellence requise »[4]. Mais Aubert de Villaine semble oublier que sa famille a racheté la Romanée-Conti, il y maintenant... cent quarante ans. Et que l'esprit de concorde qui régnait entre les Villaine et les Leroy a été sérieusement mis à mal avec l'éviction de Lalou Bize-Leroy, cogérante jusqu'au début de l'année 1992.

Les Villaine et les Leroy : pour le meilleur…

Jusqu'au début des années 1990, le domaine était ainsi partagé entre deux familles : les Villaine, vieille noblesse normande, et les Leroy, une famille de négociants bourguignons, dont le fondateur François fut élevé par l'Assistance publique. Issus de deux mondes qui ne se fréquentaient pas vraiment, Edmond Gaudin de Villaine, père d'Aubert de Villaine d'un côté, et Henri Leroy, père de Lalou, de l'autre vont néanmoins former un duo efficace. Les deux hommes décident de partager le pouvoir à travers la cogérance d'une maison dont la forme juridique (société civile) et le mode de gouvernance (deux cogérants et un conseil de surveillance) n'ont quasiment pas bougé depuis. Volontairement en retrait, Henri Leroy laisse Edmond Gaudin de Villaine administrer le domaine jusqu'à sa disparition, en 1950. Mais c'est lui qui finance une bonne partie de la modernisation du domaine et, surtout, l'arrachage et la replantation des vignes de la Romanée-Conti et de Richebourg, abîmées par le phylloxéra entre 1945 et 1947. Puis, en 1954, Henri Leroy décide de léguer ses parts en deux moitiés égales à ses deux filles : Pauline, mère d'Henry-Frédéric Roch, et Marcelle, dite « Lalou » Bize (nom de son ex-mari Marcel Bize) Leroy, mère de Perrine Fenal. Dix-huit ans après ce partage, Lalou Bize-Leroy reprend officiellement les rênes de la maison Leroy. Puis, en 1974, elle est nommée, à 42 ans, cogérante de la Romanée-Conti aux côtés d'Aubert de Villaine, son cadet de sept ans. Henri Leroy décède le 21 février 1980. Un jour, en dégustant un fameux richebourg 1952, il avait déclaré : « Vous boirez ce vin le jour de mon enterrement. » Ses héritiers furent enchantés de respecter sa volonté !

Aubert de Villaine et Lalou Bize-Leroy : pour le pire…

D'un côté, Aubert, un homme austère et discret. De l'autre, Lalou, une femme de caractère au tempérament « solaire », obstinée. Au début, leur relation professionnelle paraissait idyllique. Même passion du vin, même respect pour le terroir du DRC, même exigence de qualité. Cette union professionnelle de l'eau et du feu va durer dix-huit ans, jusqu'au départ fracassant de Lalou Bize-Leroy en janvier 1992. À l'origine du clash, le monopole de la distribution des vins du DRC par le Domaine Leroy, à l'exception de la Grande-Bretagne et des États-Unis. Négocié par Henri Leroy en échange de son soutien financier au DRC, cet accord représentait, selon les Villaine et avant même le conflit, une ponction trop importante sur les revenus du domaine. Est venu s'y ajouter un (gros) grain de sable dans le mécanisme de rationnement des bouteilles de romanée-conti. Comme nous l'avons dit, la romanée-conti n'est pas disponible par caisse de douze. Les bouteilles sont réparties dans les caisses avec les autres crus du DRC.

Censé limiter la spéculation sur le Domaine de la Romanée-Conti et éviter la concentration des achats sur un petit nombre d'acheteurs, ce système de rationnement soi-disant démocratique a aussi ses effets pervers, comme ce fut le cas pour le cru 1988, un grand millésime arrivé après un 1986 et un 1987 considérés comme moyens. Lalou a-t-elle agi en connaissance de cause ou par négligence ? Elle est en tout cas à l'origine d'une spéculation sur le 1988 qui la fâcha avec ses associés. Les prix font sourire depuis le passage à l'euro, mais Lalou Bize-Leroy comme Aubert de Villaine détestent que la presse l'évoque, même vingt ans après. Femme d'affaires avisée, la patronne de la maison Leroy, qui détenait donc la distribution exclusive des vins de la Romanée-Conti, hors États-Unis et Grande-Bretagne, avait trouvé preneur à 10 300 francs (1 570 euros) la caisse de 1988, un prix supérieur au tarif officiel. Mais en signant ce deal, Lalou Bize allait dégrader définitivement ses relations avec Aubert de Villaine. Car l'acheteur des caisses de 1988 en cause s'empressa de les dépecer pour vendre à part les bouteilles de romanée-conti 1988 au prix « exorbitant » à l'époque de 4 500 francs (686 euros) le flacon aux États Unis et jusqu'à 10 000 francs (1 524 euros) au Japon.

Puis, son bénéfice réalisé sur les romanée-conti dont les prix flambaient, il brada les onze autres bouteilles du domaine (la-tâche, richebourg, grands-échézeaux, échézeaux, romanée-saint-vivant) sur le marché parallèle, le fameux *grey market* (marché gris). Cela au grand dam du distributeur américain exclusif des vins du DRC qui s'était, lui, engagé à revendre ces bouteilles à prix supérieur. Il se retrouva alors mis au défi de vendre un la-tâche 1988 à 200 dollars (221 euros) alors que la bouteille s'échangeait à 125 dollars (138 euros) seulement sur le marché gris ! Furieux de ne pas pouvoir écouler les 3 000 caisses qu'il avait achetées au DRC au prix officiel, il les ré-expédia au domaine. Et réclama, comme le prévoyait le contrat, le rachat de ses invendus. Montant de la facture : 2,7 millions de francs (410 000 euros), auxquels s'ajoutèrent les intérêts. Une somme colossale à la veille de la première guerre du Golfe et de l'invasion du Koweit qui allait bousculer le marché international du vin.

Les Villaine estimèrent alors que la maison Leroy portait sa part de responsabilité dans cette affaire. Ils exigèrent de Lalou Bize-Leroy une participation au dédommagement. Elle refusa net. Chargé de trancher les conflits entre cogérants, le conseil de surveillance – formé à l'époque d'Henri de Villaine, père d'Aubert, et de Pauline Roch, sœur de Lalou – décide, le 15 janvier 1992, de révoquer Lalou Bize-Leroy. « Mettant ses 25 % du côté de la famille de Villaine, Pauline Roch fait basculer l'équilibre tranquille du domaine », raconte Jean-François Bazin. Lalou est remplacée à la cogérance par Charles Roch, fils aîné de Pauline. Mais ce dernier se tue quelques semaines plus tard sur la route, et c'est finalement Henry-Frédéric Roch, le deuxième fils de Pauline et exploitant du Domaine Prieuré Roch à Vosne-Romanée, qui devient cogérant. Les Villaine remportent plusieurs batailles devant les tribunaux, et le Domaine Leroy perd le contrat de distribution conclu avec le DRC. Un coup très dur pour Lalou Bize-Leroy. Sa maison de négoce réalisait alors les trois quarts de son chiffre d'affaires, et l'essentiel de ses bénéfices, sur la vente des vins du DRC.

Pour Aubert de Villaine, l'affaire des 1988 relève du passé. Pourtant, la reprise en main du réseau de distribution reste, lui, d'actualité. Les rares professionnels sélectionnés comme distributeurs agréés des vins du DRC se comptent désormais sur les doigts des deux mains. À l'étranger, ils sont une trentaine. Le plus important d'entre eux en France (25 % de ventes), Christian de Châteauvieux, copropriétaire des Caves Legrand à Paris, suscite du coup pas mal de jalousie parmi ses confrères. Quant à Aubert de Villaine, il exige désormais de ses « revendeurs » une liste précise des acheteurs finaux. Autrement dit, celui qui s'amuse à disperser une caisse du DRC pour revendre chaque bouteille à l'unité, dont la romanée-conti, prend le risque de se retrouver sur la liste noire des responsables du domaine.

Lalou Bize-Leroy : une grande dame du vin

Fâchée avec les Villaine, rejetée par sa sœur, Lalou Bize-Leroy avait d'abord été sur la sellette pour une autre raison. Avant même son différend avec Aubert de Villaine, certains lui reprochaient d'avoir fait entrer un investisseur étranger dans son capital, risquant par ricochet de lui ouvrir la porte du DRC. Pour financer des acquisitions importantes – rachat du Domaine Noëllat en 1988, puis de Philippe Rémy à Gevrey-Chambertin, l'année suivante –, Lalou Bize-Leroy a, en effet, choisi de s'appuyer sur Takashimaya, une chaîne de grands magasins japonais, également importateurs de vins de Bourgogne. Évoquée dès 1988, sa prise de participation dans la maison Leroy à hauteur de 33,6 % ne s'est réalisée qu'en... mai 1990 ! Et pour cause. Très vite, le dossier avait tourné à l'affaire d'État. Les médias s'en étaient même emparés. Certains pensaient, en effet, que derrière l'entrée de Takashimaya se cachait une prise de contrôle rampante de la Romanée-Conti. À tort, car ce n'est pas le Domaine Leroy qui détient la moitié du DRC, mais Lalou et sa sœur Pauline Roch à titre personnel. Manifestement mal renseigné par ses services, le ministre de l'Agriculture, Henri Nallet, déclare lors d'une conférence de presse, le 1er septembre 1988 : « Ce célèbre cru de Bourgogne est comme une cathédrale, il n'est pas question de laisser partir au Japon cet élément du patrimoine culturel français. » Et il faut attendre le mois de mai 1990 pour que Pierre Bérégovoy, ministre de l'Économie et des Finances chargé d'avaliser les investissements étrangers finisse par donner son feu vert. Connue pour avoir organisé des dégustations très prisées par le gotha du vin, et longtemps figure de proue de la « paulée » de Meursault, prestigieuse fête bourguignonne, Lalou joue depuis la discrétion et se réfugie derrière son homme de confiance, Frédéric Roemer, ancien sommelier, pour ses contacts officiels. « Cette femme est blessée, déchirée, cela se sent. Mais elle ne regarde pas en arrière », écrivait Jean-François Bazin peu après son éviction de la Romanée-Conti. De ce revers, elle a su tirer la force nécessaire pour rebondir. « Son génie est d'avoir mis en pratique avec succès sa philosophie du vin dans ses vignes et dans ses chais. Chose qu'elle ne pouvait pas faire à la Romanée-Conti », estime un vigneron de Vosne-Romanée. Avant-gardiste dès 1989 d'une viticulture biodynamique qui proscrit au maximum les traites chimiques au profit d'engrais naturels, Lalou Bize-Leroy fait aujourd'hui des vins reconnus comme parmi les meilleurs de Bourgogne. « Elle rappelle à tous la marge qui existe entre le très bon

et le très grand », a dit le dégustateur Michel Bettane. Mais le prix exorbitant de ses vins qui dépassent, pour les plus beaux flacons, les 700 euros lui a valu le surnom de « Madame trop chère ».
À 77 ans, cette vigneronne exceptionnelle doit, elle aussi, songer à sa propre succession. Avec des stocks importants de vins souvent rares (certains évoquent le chiffre de 3 millions de bouteilles en stock), la maison Leroy est considérée comme une des plus puissantes sociétés de négoce haut de gamme en Bourgogne. À cela s'ajoute le très réputé Domaine d'Auvenay. Mais beaucoup se demandent ce que cette grande dame au caractère aussi entier va faire de ses 25 % de la Romanée-Conti. Le clan des Leroy est aujourd'hui divisé en deux camps irréconciliables. « Lalou n'a pas pardonné à sa sœur Pauline Roch de l'avoir trahie », nous confie un courtier en vin. « Et lorsqu'il lui arrive de croiser son neveu Henry-Frédéric Roch dans un restaurant, elle sort précipitamment. »

Aubert de Villaine : le « gardien du temple »

Austérité, modestie et mysticisme... tels sont les adjectifs qui reviennent pour décrire Aubert de Villaine. À 70 ans, ce « vigneron ascète » n'est pas seulement le cogérant et copropriétaire de la Romanée-Conti. Il l'incarne presque à lui tout seul. Même si Aubert de Villaine ne vit pas sur place mais à une trentaine de kilomètres, dans son domaine de Bouzeron, en Côte chalonnaise, avec son épouse Pamela, ex-étudiante de l'École du Louvre et ancienne journaliste au magazine *House Beautiful*. Certes, sur les étiquettes figurent aussi la signature du très secret et, dit-on, très ombrageux Henry-Frédéric Roch. Nommé cogérant du DRC par défaut, le propriétaire du Domaine Prieuré Roch apparaît très en retrait. Mais personne n'est dupe. Le maître des lieux, c'est Aubert de Villaine. Avant de rejoindre la Romanée-Conti en 1964, il a notamment fait ses armes dans la *winery* d'Almaden Vineyards, un domaine créé dans la seconde moitié du XIXe siècle par un Français. Auteur de plusieurs articles sur les vins californiens pour *La Revue du vin de France*, il s'était imposé comme un spécialiste en la matière parmi les Français, pour la plupart alors aussi fermés au reste du monde que certains de leurs vins. Et ce n'est donc pas un hasard si, deux ans seulement après avoir été nommé cogérant, il a été choisi par le dégustateur anglo-saxon Steven Spurrier pour être membre du jury du désormais légendaire match œnologique France-États-Unis, organisé en 1976 à l'hôtel *Intercontinental* à Paris. Ironie de l'histoire pour ce défenseur de la typicité des vins français, la confrontation qui opposait quatre bourgognes blancs contre six chardonnays californiens et quatre bordeaux rouges (trois premiers et un second) contre six Cabernet Sauvignon de la Napa Valley tourna à la Bérézina pour les vins français. Dix-huit ans après cette consécration américaine, Aubert de Villaine déplore l'influence excessive des vins du Nouveau Monde. « Le pendule est allé trop loin en matière de vins massifs, colorés, opulents, démonstratifs, sudistes... et pour finir peu buvables », estimait-il dans *La Revue du vin de France*, en novembre 2005[5]. « Un rééquilibrage en faveur des vins du Nord devrait s'opérer, à condition qu'ils possèdent la densité et la finesse qui les rendent uniques. » Pour Aubert de Villaine, pas de doute : « Les crus bourguignons possèdent une histoire très longue qui, pour beaucoup d'entre eux, remonte au Moyen Âge. Les délimitations opérées en deux ou trois siècles ont mis en avant une mosaïque de terroirs avec un potentiel unique. Au cours du temps, ce potentiel ne s'est jamais dénié, malgré les incidents de parcours, dont le dernier a été le phylloxéra. » À la fois défenseur du terroir, comme élément de différenciation principal entre les vins, et adepte de la viticulture biodynamique, mais sans pousser le principe à l'extrême comme Lalou Bize-Leroy, le cogérant de la Romanée-Conti dit s'inspirer dans son approche du vin de l'action de son grand-père et du père Leroy (père de Lalou), ainsi que de quelques « rares dégustations de ces vins préphylloxériques, qui représentent pour moi un modèle absolu ». Relativement ouvert lorsqu'il évoque l'abbaye de Saint-Vivant, dont il préside l'association chargée de sa restauration, Aubert de Villaine, qui n'a pas d'enfant, est en revanche beaucoup moins loquace sur sa propre succession.

La délicate succession d'Aubert de Villaine

L'actuel maître des lieux sait qu'il doit faire face à un double défi : transmettre la cogérance du domaine (dans la famille depuis six générations !) et assurer son indépendance future. « Je travaille avec un cogérant, Henry-Frédéric Roch, totalement pénétré de la philosophie du domaine [...] Et puis j'ai des neveux, au moins deux [...] Enfin, je pense rester encore cinq à six ans au domaine », précisait l'intéressé dans le numéro de novembre 2005 de *La Revue du vin de France*[5]. Quatre ans plus tard, le nom de son successeur reste l'un des secrets les mieux gardés de la Bourgogne. Même si certains proches de la famille évoquent Pierre de Benoist, l'un de ses neveux, pour prendre la relève. « Ma génération a pratiquement résolu les problèmes de succession et, pour le futur, nous travaillons sur des dispositions permettant de répondre aux aspirations de chacun et aux exigences de continuité. À nos yeux, la propriété familiale reste le meilleur garant de la conservation du patrimoine », déclarait Aubert de Villaine. Qu'il s'agisse de la succession de ce dernier ou de la transmission du domaine à la génération suivante, l'*omerta* sur ces sujets est d'autant plus forte que du négociant allocataire du DRC aux concurrents, en passant par les abonnés aux crachoirs de dégustation, tout le monde évite de jouer les iconoclastes[6] ! Pas question de risquer de froisser Aubert de Villaine, sous peine de se voir fermer – à vie – les portes du domaine[6]. Aujourd'hui, le Domaine de la Romanée-Conti est donc détenu par les Villaine à 50 %, par Lalou Bize-Leroy à 25 % et par Henry-Frédéric Roch, fils de Pauline Leroy, à 25 %. Selon nos estimations, les usufruitiers du domaine se partagent, en outre, entre 4 et 5 millions d'euros de dividendes. De quoi calmer les plus gourmands ! Mais comme beaucoup de propriétés viticoles, ses actionnaires sont, eux, confrontés au problème de l'impôt de solidarité sur la fortune (ISF) et au paiement des droits de succession. Combien de pactes familiaux ont ainsi volé en éclats à la suite d'un différend entre les mandataires sociaux qui échappent à l'ISF et les propriétaires « passifs » d'une société. Et même si des montages juridiques permettent d'en atténuer le fardeau, le paiement des droits de succession reste un obstacle majeur à la transmission (familiale) d'entreprises viticoles, souvent détenues par de nombreux propriétaires indivisaires. Du coup, certains n'hésitent pas à établir un parallèle entre la situation actuelle de la Romanée-Conti et celle de Château d'Yquem dans les années 1990. Minée par une bagarre familiale, cette icône de Sauternes, alors détenue par la famille Lur-Saluces, a fini par tomber en 1996 aux mains du groupe de luxe LVMH. Mais pour Aubert de Villaine, ces deux histoires n'ont rien à voir. À la différence d'Alexandre de Lur-Saluces, maître d'Yquem jusqu'à la prise de contrôle par Bernard Arnault (propriétaire de LVMH), les relations entre Aubert et sa famille sont, aux dires mêmes de plusieurs de ses membres, sans nuage. Et pour cause ! Contrairement au très autocrate Alexandre, Aubert a eu l'intelligence de les associer à la gestion du DRC. Contraint à une diplomatie de tous les instants avec les membres de sa propre famille, il a dû aussi compter avec ses deux autres actionnaires : Lalou Bize-Leroy et Henry-Frédéric Roch, toujours en froid. « Henry Roch est totalement pénétré de la philosophie du domaine, il la met en pratique chez lui », déclarait Aubert de Villaine au *Figaro*[3]. Nommé cogérant du DRC par défaut, celui-ci apparaît néanmoins très en retrait par rapport à Aubert de Villaine dans la gestion du domaine. Qu'il soit ou pas d'accord importe peu. Selon nos informations, Henry-Frédéric Roch comme Lalou Bize-Leroy ne peuvent pas céder leurs titres aussi facilement. Les Villaine disposent-ils d'un droit de préemption sur les titres des Leroy et inversement ? Beaucoup le pensent. Mais personne n'en a la preuve. Après avoir été en froid, Perrine Fenal, installée en Suisse et mariée à un banquier helvète, s'est réconciliée avec sa mère Lalou Bize-Leroy. Elle devrait logiquement hériter des 25 % du Domaine de la Romanée-Conti. Pour le moment, Aubert affirme n'avoir « jamais été approché » en vue d'un rachat du DRC[3]. Face à une éventuelle tentative de déstabilisation du tour de table, le maître des lieux peut compter sur de nombreux soutiens. À commencer par son ami Jacques Seysses, propriétaire du domaine Dujac à Morey-Saint-Denis, copropriétaire avec lui et Michel Macaux d'un vignoble dans le Var. Aubert de Villaine pourrait aussi faire alliance avec François Faiveley et son fils Erwan, propriétaires de la puissante maison de négoce éponyme. Sans oublier aussi l'importante mobilisation politique et médiatique que susciterait toute manœuvre hostile ou, pire, étrangère vis-à-vis du DRC. Mais, comme le démontre la liste impressionnante des propriétaires successifs de la Romanée-Conti depuis ses origines, rien n'est gravé dans le marbre.

1. *La Romanée-Conti*, Jean-François Bazin – Éd. Jacques Legrand, 1994.
2. *Romanée-Conti*, Richard Olney – Flammarion, 1998.
3. « À qui appartient le vin le plus cher du monde », *Le Figaro*, 4 août 2008.
4. Lettre d'Aubert de Villaine du 9 janvier 2009 adressée à l'auteur à la suite d'une demande d'entretien.
5. *La Revue du vin de France*, novembre 2005.
6. Article de Jean-Pierre de la Rocque dans *La Revue du vin de France*, août 2007.

Les meilleurs vins du Domaine de la Romanée-Conti de ces trente dernières années

- Romanée-conti : 1985, 1986, 1987, 1988, 1990, 1995, 1996, 1999, 2003, 2005
- La-tâche : 1980, 1983, 1990, 1991, 1995, 1996, 1997, 1999, 2003, 2005
- Richebourg : 1986, 1987, 1988, 1990, 1995, 1996, 1997, 1999, 2003, 2005
- Montrachet : 1982, 1986, 1989, 1995, 1997, 1999, 2000, 2001, 2002, 2003, 2006
- Grands-échézeaux : 1988, 1990, 1991, 1995, 2003, 2005
- Échézeaux : 1985, 1988, 1990, 1991, 2003, 2005

Bollinger : My name is... « Bollinger »

Il pourchasse les ennemis du royaume au nom de sa Majesté la reine d'Angleterre, roule dans une Aston Martin équipée des redoutables gadgets du célèbre docteur « Q », honore les plus jolies femmes et déguste avec délice... les meilleures bouteilles des champagnes Bollinger. Son nom est Bond, James Bond. Dans *Quantum of Solace*, le dernier opus de ses exploits, Daniel Craig savoure seul un bollinger La Grande Année 1999 servi dans la suite d'un palace. Deux ans plus tôt, pour *Casino Royale*, 007 retrouvait Eva Green autour d'un dîner royalement arrosé à La Grande Année 1990. Pierce Brosnan dans *Le monde ne sufffit pas*, en 1999, le déguste au lit en compagnie de Sophie Marceau. Tandis que Timothy Dalton commande un bollinger RD 1979 au casino dans *Permis de tuer*. Si Bond change de femme comme de chemise, sa fidélité à la marque champenoise s'avère, elle, beaucoup plus solide. Leur mariage dure depuis 1973. Douze films dans lesquels le maître espion fait sauter le bouchon d'une bouteille de Bollinger sous le regard de dizaines de millions de spectateurs, pour le plus grand profit de la maison de champagne située à Aÿ, berceau de la famille Bollinger. Pourtant, si la musique des films de Bond s'impose sur le répondeur téléphonique de la maison fondée en 1829, ses actionnaires familiaux n'ont rien de commun avec le très flamboyant 007. D'un côté, la décontraction « *so British* » de Bond, de l'autre, une austérité assumée : un monde les sépare. Plutôt que les exploits de « Bond », Ghislain de Montgolfier, 65 ans, président du conseil de surveillance des Champagnes, préfère évoquer le Royal Warrant, brevet de fournisseur officiel de la cour britannique, attribué par la reine Victoria à Jacques Bollinger en juillet 1884. Reconnaissance suprême renouvelée jusqu'à ce jour par ses successeurs sur le trône d'Angleterre. Vif et plein d'humour, l'arrière-arrière-petit-fils du fondateur revendique, en outre, discrétion et même radinerie comme trait de caractère des familles propriétaires. Bien sûr, chaque actionnaire – une cinquantaine au total – reçoit son quota de bouteilles gratuites tous les ans. Mais pour en avoir plus, il doit obtenir une autorisation et les payer ! Ici, pas d'ego démesuré, et pour cause. Personne ne porte plus le nom Bollinger. « Nous avons choisi de privilégier le vin », avoue Ghislain de Montgolfier. Des champagnes d'exception, reconnus comme faisant, bien sûr, partie de l'élite de la bulle. Pas de doute, le « Bolly », comme le surnomment les Anglais qui en sont fous, a un style bien à lui. « Robe d'un or brillant, cordon de bulles associant finesse et persistance, l'allure d'un bollinger en impose immédiatement [...] un monstre sacré du champagne[1] ». « Le brut sans année, Spécial Cuvée, demeure par sa droiture et sa distinction l'archétype du grand champagne vineux. Ce style se développe à un niveau de complexité encore plus élevé, grâce à des millésimes comme le brillantissime La Grande Année 1996 et les cuvées RD, extraordinaires en 1990, ou le rare et superbe rosé 1998[1] ».

Pour Mathieu Kauffmann, le directeur des caves, le côté très vineux du bollinger s'explique par son assemblage composé à 60 % au minimum de pinot noir et issu de grands et premiers crus provenant essentiellement des 160 hectares de la maison. À cet assemblage élaboré à partir des deux dernières vendanges entièrement effectuées à la main est incorporé, pour le Spécial Cuvée (nom donné au brut d'entrée de gamme de la maison), de 5 à 10 % de vins de réserve, conservés pendant 5 à 12 ans en magnums bouchés liège, cru par cru, cépage par cépage, année par année. « L'image de Bollinger s'est construite autour du Spécial Cuvée, le plus abordable de nos vins », explique Ghislain de Montgolfier. Fait assez rare en Champagne, la fermentation est effectuée en grande partie en fûts de chêne avec 3 000 tonneaux anciens. En particulier pour sa cuvée de prestige La Grande Année. Ces bouteilles millésimées (vendues autour de 100 euros pour le 1999) dégorgées à la main ne sont élaborées que lors des années exceptionnelles et restent en cave environ 10 ans... une folie. « Ce vin a une personnalité qui tranche, nous avons pris le risque qu'il soit détesté ou adoré, parce qu'il est très puissant », s'enflamme encore Ghislain de Montgolfier. Exceptionnel encore, Bollinger s'offre le luxe d'élaborer une toute petite cuvée, « Vieilles Vignes Françaises », issue de trois parcelles des vignobles de Bollinger non greffés, qui avaient échappé par miracle au phylloxéra à la fin du XIXe et au début du XXe siècle ! Enfin, depuis 2008, Bollinger élabore un rosé composé de vin rouge, mais non millésimé, avec l'assemblage Spécial Cuvée, un vin très intense, délicat et féminin. Ce vin aurait sans aucun doute été très apprécié par l'une des figures de la famille, Elizabeth Bollinger, qui avait approuvé le lancement en 1976 d'un millésimé La Grande Année Rosé.

Le premier patron extérieur aux familles propriétaires

Depuis cinq générations, la maison de champagne a surmonté les rivalités intestines, les guerres ou les maladies de la vigne, pour rester dans le giron des deux branches familiales, l'une descendant directement de Jacques Bollinger par le sang, l'autre par alliance d'Elizabeth Law-Bollinger – l'épouse de Jacques Bollinger (junior), petit-fils du fondateur Jacques – affectueusement surnommée « Tante Lily » par ses neveux, et qui a marqué un tournant dans l'histoire des champagnes Bollinger dans les années 1940.

Mais pour la première fois de son histoire, la maison Bollinger n'est plus dirigée, depuis 2008, par un membre des familles actionnaires. Ghislain de Montgolfier, diplômé de l'Agro et amoureux de son nectar, a laissé sa place à Jérôme Philipon, nouveau président du directoire, un quadra issu des multinationales. À la tête d'une affaire qui réalise 66 millions d'euros de chiffre d'affaires et qui expédie de 2 à 2,5 millions de bouteilles dans 90 pays, soit 90 % de ses ventes, Philipon doit rendre des comptes à Arnould d'Hautefeuille, petit-neveu de Tante Lily et président de la Société Jacques Bollinger (SJB), la holding familiale. Aujourd'hui contrôlé à 100 % par les familles, Bollinger fut à sa création, au XIXe siècle, le fruit d'une association originale entre l'héritier d'un vignoble champenois, Athanase de Villermont, et deux hommes venus de la vigne et du commerce, dont le désormais célèbre Jacques Bollinger.

Une association en or… et un mariage de raison

Cela s'est joué à rien ! La maison aurait bien pu ne jamais s'appeler Bollinger. Le premier propriétaire, cadet d'une famille noble, ancien officier de la Marine, s'appelait en effet Athanase-Louis-Emmanuel

Hennequin, comte de Villermont[2]. Il détenait alors 2,55 hectares de vignes, 19 hectares de terres labourables, 8,5 hectares de bois et deux maisons, rue de l'Huilerie à Aÿ, aujourd'hui siège social de Bollinger. Après avoir servi brillamment l'armée, le comte de Villermont fut fait chevalier de l'ordre royal de la Légion d'honneur. Louis XVIII et son épouse assistent à ses secondes noces avec Françoise Louise Charlotte Joséphine, comtesse de Brettes, qui est une amie de la famille royale. À l'âge de 61 ans (en 1824), Athanase se retire à Aÿ pour se consacrer à ses enfants et à ses terres. Très attiré par cette nouvelle vogue du champagne, il veut mettre en valeur son domaine en vendant ses céréales et son vin. Mais à cette époque, un aristocrate ne peut faire acte de commerce sans déroger à sa condition. C'est alors qu'il rencontre ses futurs associés, Joseph Jacob Bollinger, le commerçant, et Paul Joseph Renaudin, le technicien du vin, avec qui il fonde, le 6 février 1829, la société en commandite Renaudin-Bollinger & Cie. Par souci de discrétion, le nom des Villermont n'est pas mentionné. Mais qu'importe. Huit ans plus tard, alors que l'affaire se développe bien, Joseph Jacob Bollinger commet par amour un magnifique mariage de raison ! Il épouse à point nommé la fille d'Athanase, Louise Charlotte de Villermont de quatorze ans sa cadette. De son côté, Athanase a bien compris le formidable don de son futur gendre pour le commerce.

Jacques Bollinger,« *so British* »!

Joseph Jacob Bollinger, né en 1803 dans le royaume de Wurtemberg d'une mère noble, fut naturalisé français en 1854 sous le nom de Jacques Bollinger. À l'âge de 20 ans, il vient en France dans le but de se former au commerce des vins de Champagne chez Müllert-Ruinart. Il voyage, rencontre les puissants, s'enrichit et se rapproche du Champenois Paul Renaudin, l'un de ses collègues spécialisé dans les techniques d'élaboration du vin. À la suite des nombreux voyages de Jacques et grâce aux relations d'Athanase, leur société se développe en France et s'implante en Grande-Bretagne, en Allemagne, dans les pays nordiques... Les ventes explosent. À Londres, Jacques Bollinger se lie d'amitié avec Ludwig Mentzendorff, allemand comme lui. Ensemble, ils feront de l'Angleterre le premier marché de Bollinger, qui le reste encore aujourd'hui avec 36 % des ventes. L'association s'avère des plus fructueuses. En dix-huit ans, la mise de fonds des gérants a été multipliée par 33 ! Mais Jacques Bollinger a aussi une vision patrimoniale. Désormais, il partage le contrôle de l'affaire avec son épouse Louise, qui a hérité des vignes et du pressoir de Cuis. Au décès de Renaudin, en 1851, Jacques et Louise reprennent la société pour devenir seuls propriétaires de la maison de champagne. Jacques impose son vin comme le champagne des amateurs et, à la veille de sa mort, obtient de la reine Victoria le précieux Royal Warrant, brevet de fournisseur de la Cour. Une prestigieuse reconnaissance qui booste encore plus les ventes. Il pense aussi à se développer et achète des vignes à Verzenay. Avec celles de Bouzy, il est sûr de pouvoir s'approvisionner dans les meilleurs crus. Une stratégie que ses descendants poursuivront et ne regrettent pas aujourd'hui. « Il a fallu avoir la foi pour racheter des vignes par le passé. Nous avons conservé les livres de comptes de la société des années 1900-1920 et nous avons constaté que les vignes coûtaient alors très cher » se félicite Arnould d'Hautefeuille, patron de SJB. « Ce que l'on tirait de la récolte ne couvrait même pas le coût d'exploitation. Maintenant, avec nos 160 hectares, nous assurons 60 % de notre approvisionnement, c'est une source de richesse. Une sécurité pour préserver la qualité et le style Bollinger », à laquelle les familles ne renonceraient pour rien au monde.

Lorsque Jacques Bollinger disparaît en 1884, ses deux fils reprennent le flambeau. D'abord Joseph, qui se tue dans l'un des premiers accidents de voiture, en 1899, puis le cadet Georges, qui meurt en 1918. La gestion de la maison revient alors au neveu de Jacques, Pierre Moret de Rocheprise, le grand-père de Ghislain de Montgolfier, grand dégustateur. Réputé pour sa sagesse, il assume l'intérim, alors que le fils de Georges, prénommé Jacques comme le fondateur, est incorporé dans l'Aviation. Décoré de la croix de guerre en 1918, Jacques rejoint son cousin Pierre de Rocheprise, qui le forme et le conseille à la tête des Champagnes. Comme son grand-père, Jacques voyage beaucoup et développe encore le marché anglais avant les années noires : crise de 1929 et guerre de 1940. Mais il est alors rappelé comme officier de réserve, tombe malade et meurt en 1941. Les Allemands réquisitionnent la moitié de la production de champagne et toutes les maisons sont mises à contribution.

Tante Lily, l'héritière sans héritier

Au décès de Jacques Bollinger, c'est son épouse, la fameuse Tante Lily, Elizabeth Law de Lauriston-Boubers, arrière-petite-nièce du financier anglais John Law, qui devient légataire universelle. Une famille par alliance fait ainsi son entrée dans l'affaire. À l'âge de 42 ans, Tante Lily reprend avec brio le flambeau de la maison de champagne en 1941. Plus prudente et manifestement plus chanceuse que son ancêtre, célèbre pour sa banqueroute sous l'Ancien Régime, elle s'impose comme actionnaire majoritaire. Comme le couple n'a pas eu d'enfants, les descendants du fondateur perdent la majorité du capital. À ce moment-là, Pierre Moret de Rocheprise, le cousin et conseiller de Jacques Bollinger (junior), a déjà 69 ans. Officiellement, la prise de pouvoir de Tante Lily, en toute légalité, se passe sans heurt. En réalité, l'arrivée d'une femme aux affaires – à une époque où celles-ci n'avaient pas encore le droit de vote – a pour le moins contrarié les Moret de Rocheprise. Impossible d'imaginer que cette perte de contrôle n'ait pas remis en cause la paix des familles. Malgré tout, Pierre reste à ses côtés pour lui prêter main forte dans le business, avec son fils Yves au vignoble et André Bergeot, le chef de cave, qui passera quarante ans chez Bollinger. « Cette femme a dirigé Bollinger avec intelligence, prudence et réserve et a permis à cette entreprise de rester familiale. Seulement, Tante Lily se méfiait des hommes et pensait que la confiance ne lui avait pas été donnée », raconte Ghislain de Montgolfier, qui attribue, non pas à son ancêtre Jacques Bollinger, « un fêtard de première », mais... à Tante Lily, unanimement admirée, d'avoir recréé un cadre de valeurs dans la maison.

Elizabeth Bollinger n'était pas complètement perdue puisque pendant dix-huit ans son mari lui avait fait connaître le champagne, la vigne, les caves et le personnel. Bien que la vente de champagne ait été fermée en Grande-Bretagne et aux États-Unis pendant la guerre, la société livre tout de même la France et les pays neutres. « Tante Lily avait une très forte personnalité, elle s'est identifiée à Bollinger, elle avait même négocié de limiter ses livraisons de champagne à l'armée allemande occupante », raconte son petit-neveu Arnould d'Hautefeuille. Après-guerre, Elizabeth Bollinger est connue en Champagne. Vision patrimoniale, sens des relations publiques, dégustatrice et femme du monde dans les affaires... cette businesswoman fait le tour du globe, relance Bollinger en Angleterre et aux États-Unis grâce à son anglais impeccable, toujours à l'écoute des consommateurs comme des VIP. En 1952, Bollinger lance le premier millésime de sa cuvée RD, « Récemment Dégorgé », et sa première cuvée des VVF, « Vieilles Vignes Françaises », est créée avec le millésime 1969, à l'occasion des 70 ans de Tante Lily. Dans le même temps, cette dernière développe également le vignoble avec l'achat de vignes complémentaires à Aÿ, Mutigny, Grauves et Busseuil. En privé, madame Bollinger reste une femme très simple, qui reçoit elle-même ses clients à dîner à la maison et qui parcourt ses vignes à vélo. Mais elle n'a jamais le nez dans le guidon ! Très vite, elle réfléchit à sa succession. Pour assurer l'avenir, elle avait repéré dans sa famille ceux qui dirigeront successivement la maison : ses neveux Claude d'Hautefeuille et Christian Bizot et même le jeune Ghislain de Montgolfier de la branche directe Bollinger. Le premier, un saint-cyrien, gestionnaire, la rejoint et la conseille juste après-guerre. Claude d'Hautefeuille devient président en 1971 à la suite d'Elizabeth Bollinger restée trente ans à la tête la maison ! Et organise la transition de la maison vers les cuves, en complément des tonneaux. Alors que les ventes de la maison avaient bien progressé entre 1950 et 1970, le premier choc pétrolier marque un coup d'arrêt en 1974.

My name is... Bond

L'arrivée en 1978 de Christian Bizot, deuxième poulain de Tante Lily, son autre neveu, à la tête de la maison de champagne donne un sérieux coup de fouet commercial à la maison Bollinger. Forte personnalité, assez directif comme sa tante, ce mathélème sorti d'une école de commerce a fait ses classes chez Clicquot. Invitations de journalistes une fois par an chez *Taillevent*, voyages fréquents à l'étranger, Bizot veut développer l'aura de la marque. Mais son coup de maître est d'avoir réussi à faire boire du bollinger à l'agent 007. Grâce aux connexions anglaises de la maison, Christian Bizot est parvenu à rencontrer le producteur des films de James Bond, Albert Broccoli, patron d'Eon Productions. Collectionneur de vins et grand amateur de champagne Bollinger, Broccoli demande à se faire livrer des bouteilles du pétillant nectar. Il visite les caves et pose des questions en vrai pro du vin. Les familles se rapprochent, et les deux hommes concluent un accord qui fait de la marque le champagne de Bond... contre quelques caisses. James Bond restera alors toujours fidèle à la maison, malgré une tentative de Moët & Chandon de piquer le contrat. Mais l'ère Bizot ne se résume pas à Bond. En Champagne, cet ancien patron de Bollinger est aussi connu pour avoir lancé, en 1990, une bombe qui va en bousculer plus d'un. À l'époque, Bruxelles vient de libérer le prix du raisin, qui du coup s'est envolé de 40 %, entraînant dans la foulée une forte augmentation du prix de la bouteille. Au même moment, la première guerre du Golfe éclate et plonge l'économie dans le marasme. Plus question pour les consommateurs de payer aussi cher des vins de Champagne d'une qualité souvent discutable, car livrés trop jeunes. « Le champagne était alors devenu une boisson frime, raconte Ghislain de Montgolfier. Chez Bollinger, nous voulions prouver que nous faisions un grand vin. Chez nous, il n'y a jamais de vin sur latte. Alors, nous avons décidé de nous engager publiquement sur la qualité de notre champagne en publiant une charte avec dix engagements. » Rédigés par Christian Bizot avec l'aide de Ghislain de Montgolfier, la Charte d'éthique et de qualité de Bollinger provoque d'abord une levée de boucliers dans la profession, en tout cas des moins scrupuleux, mais elle est saluée par la presse.

Élaboration et vinification de la totalité de ses vins ; garantie de la continuité du style de ses vins issus principalement de son propre vignoble, assemblage de base effectué à partir de grands et premiers crus et avec du pinot noir en majorité ; fermentation partielle ou totale en fûts de chêne, conservation des vins de réserve en magnum, temps de maturation très long... les dix engagements de la maison sont aujourd'hui considérés comme les dix commandements par la crème des négociants-propriétaires champenois ! « Encore aujourd'hui, cette charte pousse la maison à maintenir la qualité du bollinger. Jérôme Philipon ne remet pas en cause notre choix de garder le Spécial Cuvée au minimum trois ans en cave, et plus pour les autres cuvées, avant de les mettre sur le marché », se réjouit Étienne Bizot, le fils de Christian, ingénieur ICAM et MBA d'HEC, qui dirige BLD (filiale de la holding Société Jacques Bollinger), la société de distribution de champagnes et de vins. Avec cette charte, Christian Bizot et Ghislain de Montgolfier rêvaient aussi de constituer un club des grands crus comme à Bordeaux. « Nous n'y sommes pas arrivés, mais nous avons participé à réformer le Syndicat des grandes marques » ajoute Ghislain de Montgolfier, que Christian choisit en 1993 pour lui succéder.

Voilà donc la branche « génétique » revenue aux commandes. Descendant par sa mère à la quatrième génération de Jacques Bollinger et Louise Charlotte de Villermont, Ghislain de Montgolfier tient avant tout ses racines de son père issu d'une longue lignée de papetiers et de l'inventeur de la montgolfière, qui valut à sa famille d'être anoblie par Louis XVI. Ingénieur agronome, Ghislain de Montgolfier commença sa carrière au Chili où il vécut pendant trois ans. À son retour en 1969, il devient adjoint au directeur des vignes chez Bollinger. « Je revenais du Chili où nous reconstruisions le monde, alors le contraste fut un peu délicat », avoue-t-il pudiquement. Il quitte la maison deux ans plus tard pour vivre sa vie, devient chercheur à l'INRA et se lance dans un doctorat de sociologie portant sur le Chili. Là-bas, il fait des missions et enseigne l'économie rurale à des paysans analphabètes. Puis il prend la tête d'organisations interprofessionnelles dans les fruits et légumes, le sucre et la pomme de terre. Mais Christian Bizot le rappelle à ses côtés en 1990 et lui promet la présidence. À ce moment, il fait aussi entrer son fils, Étienne Bizot, dans la maison. Trois ans plus tard, Ghislain de Montgolfier devient P-DG de la maison de champagne.

Chez Bollinger, il travaille en profondeur la technique des vins « qui sont très typés, différents des autres », explique-t-il en traversant les 5 kilomètres de caves, baptisées des noms de saints portés par les membres de la famille. Son obsession c'est d'assurer une régularité de la qualité Bollinger en modernisant les processus techniques. Retiré en 2008, à 65 ans, de la direction opérationnelle pour devenir président du conseil de surveillance de Bollinger, il a pris la présidence de l'Union des maisons de champagne et la vice-présidence du Comité interprofessionnel des vins de Champagne. Et transmis ses valeurs au nouveau président du directoire, Jérôme Philipon, qui, pour la première fois, n'appartient pas aux familles actionnaires. Pas si facile de lâcher les rênes après quatorze ans à la tête de la maison, avoue Montgolfier, qui dut se faire violence pour ne plus s'immiscer dans la gestion des champagnes depuis la nomination de Philipon en juin 2008 !

Quand un ex-Coca fait mousser Bollinger

Aujourd'hui, le patron de la maison, c'est donc Jérôme Philipon. À l'arrivée de ce « Coca-Cola boy », la bourgeoisie champenoise se montrait des plus réservée, tandis que les banquiers d'affaires parisiens se frottaient déjà les mains, persuadés que les actionnaires familiaux de Bollinger étaient sur le point de céder leur prestigieuse affaire. Mais c'était oublier un peu vite leur attachement viscéral à la maison de champagne. Hélas pour eux, aucun héritier n'avait le profil requis pour obtenir le consensus des actionnaires et piloter la maison. Il leur fallait donc trouver un dirigeant à l'extérieur. Lorsqu'ils ont reçu Jérôme Philipon, avant même de le recruter, Arnould d'Hautefeuille, Ghislain de Montgolfier et Étienne Bizot donnent leur feu vert à ce Champenois d'origine. Sur les bancs de l'école avec Charles-Emmanuel Bizot (l'un des fils de Christian) à Saint-Joseph de Reims, collège de la bonne bourgeoisie champenoise, Philipon avait même goûté, à 15 ans, son premier verre de champagne, un bollinger, lors d'une visite de classe chez les Bizot !

Fils de céréalier, sorti de l'ESSEC et rodé ou marketing et à l'international, il souhaitait renouer avec les valeurs humaines et culturelles d'une entreprise familiale comme Bollinger. À 47 ans, cet homme calme et affable voulait aussi prendre du recul et revenir en France après le terrible drame qu'il avait vécu avec son épouse en 2004 : la perte de trois de leurs enfants dans le tsunami asiatique. « Ici, on ne fait pas de stratégie politique comme dans les multinationales, ce qui compte c'est l'action et l'engagement à long terme lié à la nature familiale depuis 180 ans de la société et au cycle du produit. Le bollinger 2008, par exemple, sera vendu en 2018 », explique Jérôme Philipon, qui a présenté aux propriétaires un plan à long terme avec trois objectifs : « continuer à croître avec le marché, vendre en maximisant la valeur par une montée en gamme et faire évoluer la culture d'entreprise autour de la fierté partagée ». À peine arrivé, il participait à la commercialisation du bollinger rosé, et lançait fin 2008 sa première initiative marketing, la « 007 Collector Bullet », à l'occasion du dernier James Bond, *Quantum of Solace*. Une balle de revolver géante (inspiré du Walter PPK), en étain massif, servant d'écrin à un magnum de Bollinger 1999, objet de collection produit à 207 exemplaires (200 + 007) pour 4 000 euros... Un objet de luxe.

Une holding familiale sévèrement tenue

Le patron de Bollinger sait que le saint des saints, le vrai lieu du pouvoir, est au-dessus de lui, au niveau de SJB, la holding de contrôle familiale de la maison de champagne. Détenue en majorité par le clan Bizot-Hautefeuille, la SJB est dirigée par Arnould d'Hautefeuille. Avec 120 millions d'euros de chiffre d'affaires, elle ne détient pas seulement les champagnes Bollinger. Elle regroupe aussi les autres actifs des familles : des champagnes Ayala, rachetés en 2005 « pour créer une nouvelle aventure et relancer la marque » au négociant bourguignon Chanson, en passant par les vins de Loire Langlois Château, une participation dans les cognacs Delamain, et les sociétés de distribution BLD France et Mentzendorff, importateur depuis 1858 et agent de marques. « La stratégie de la SJB consiste à nous développer dans des régions viticoles haut de gamme et dans de nouvelles zones géographiques. Cela nous permettra de nous diversifier du champagne et d'être moins dépendants de la Grande-Bretagne », explique Arnould d'Hautefeuille.

À sa création en 1986, la SJB fut d'abord pilotée par Claude d'Hautefeuille, puis par Christian Bizot en 1994, avant l'arrivée d'Arnould, le fils de Claude, en 1999. Un retour au bercail pour ce dernier. Cet HEC, ancien banquier, avait déjà fait ses armes en 1990 à la direction financière des Champagnes Bollinger, alors dirigés par Christian Bizot. Mais au bout de quatre ans, il avait préféré reprendre sa liberté et repartir à ses anciennes amours, le Crédit Lyonnais. Pas de conflit. Juste des états d'âme face à un P-DG assez directif. Il n'empêche, en 1997, Christian Bizot rappelle Arnould pour lui demander, cette fois, de prendre la présidence de la holding alors qu'il se retirait. « Christian Bizot a fait beaucoup pour réconcilier et rattacher les familles », avoue Ghislain de Montgolfier, rappelé lui aussi par Bizot pour diriger les Champagnes en 1990.

Représentant toutes les branches, Arnould gère aussi la cinquantaine d'actionnaires familiaux afin d'assurer l'indépendance de la société, sa succession et amortir les éventuels conflits. Respecté, il est considéré comme le « référent ». Une règle est posée : personne n'est prédestiné à travailler chez Bollinger. « Je suis contre le népotisme. Ce n'est pas parce que ce sont nos enfants qu'ils doivent travailler dans l'entreprise », tranche-t-il. « On fait sa vie ailleurs, sinon on est choisi », renchérit Ghislain de Montgolfier, qui fut l'un des élus. Au total, seulement quatre membres des familles travaillent dans la société : Arnould d'Hautefeuille au sein de la holding, Étienne Bizot, patron de SJB après avoir dirigé Langlois Château, Michel Villedey, beau-frère d'Arnould, qui a repris la direction de Langlois Château après avoir passé des années aux Champagnes, alors que Ghislain de Montgolfier est à la tête du conseil de surveillance des Champagnes. « Le juge de paix, c'est le marché du travail. Nous avions donc pris un chasseur de têtes pour recruter le nouveau président du directoire lorsque Ghislain a pris sa retraite », ajoute le patron de SJB. Faire accepter Jérôme Philipon par les familles ne fut pas une partie de plaisir. Mais Arnould d' Hautefeuille sut user et abuser de ses talents de diplomate pour apaiser les susceptibilités de certains actionnaires. Soucieux de conserver son indépendance, la holding a décidé d'établir une charte familiale Bollinger, avec l'aide d'un professeur à HEC, Frédéric Vallaud, qui a interrogé les actionnaires sur leurs attentes. « Nous allons arriver à un mode de fonctionnement qui permettra à la famille de s'exprimer, s'informer et dialoguer avec le management de l'entreprise en tant que famille et pas forcément comme administrateur. C'est un contrat moral. » Dans une entreprise familiale, « il faut que les actionnaires adhèrent à la stratégie » ajoute Étienne Bizot. Sinon, il y a un risque d'éclatement. Pour maintenir leur attachement, « il faut aussi verser assez de dividendes aux actionnaires. Notre obligation, c'est que l'action ne coûte rien », rappelle Ghislain de Montgolfier. Malgré tout, face à la crise et la baisse des volumes de 30 % à 40 % en champagne depuis le début de l'année 2009, les familles ont accepté une baisse raisonnable des dividendes. Arnould d'Hautefeuille est à la tête de la holding pour encore quelques années, mais il faudra bien un jour choisir un membre de la famille pour lui succéder. Étienne Bizot semble destiné à le remplacer, mais les propriétaires de la prestigieuse marque de champagne décideront le jour venu.

1. *Les Plus Grands Vins du monde*, Michel Bettane et Thierry Desseauve – Minerva, 2006.
2. *Bollinger. Une certaine idée du champagne*, Hervé Saint-Julien – Romain Pages Éditions, 2004.

Les meilleures cuvées de Bollinger de ces trente dernières années

- Bollinger Spécial Cuvée Brut
- Bollinger Brut Rosé
- Bollinger La Grande Année : 1990, 1995, 1999
- Bollinger La Grande Année Rosé : 1999
- Bollinger R.D. Extra Brut : 1975, 1979, 1990, 1996, 1997
- Bollinger Vieilles Vignes Françaises : 1985, 1999
- Bollinger La Côte aux Enfants (rouge) : 2002

Pol Roger : À la table de Churchill

Leur rencontre eut lieu le 12 novembre 1944. L'ambassade britannique à Paris venait juste de rouvrir ses portes cinq mois après le débarquement allié en Normandie. Duff Cooper, l'ambassadeur, et son épouse Diana présentèrent leur amie Odette Pol Roger à Winston Churchill lors d'un déjeuner organisé en l'honneur du Premier Ministre du Royaume-Uni... arrosé à l'exceptionnel champagne Pol Roger 1928. Ce soir-là, Churchill fut sensible au charme et à l'esprit de repartie d'Odette, épouse de Jacques Pol-Roger – petit-fils de Pol Roger, le fondateur de la maison de champagne. Il apprécia aussi beaucoup le millésimé 1928. Le flirt platonique entre le septuagénaire Winston Churchill et la pétillante Odette dura jusqu'à la mort du grand homme en janvier 1965. Chaque année, elle lui fit envoyer pour son anniversaire une caisse de champagne millésimé, le plus souvent son préféré, le 1928, jusqu'à ce que cette cuvée soit épuisée en 1953. Churchill appréciait tellement le pol-roger qu'il baptisa même l'un de ses chevaux de course « Pol Roger ». Le clin d'œil à son champagne préféré lui porta chance. Pol Roger gagna une course à Kempton Park en 1953, le jour du couronnement de la reine Elizabeth II d'Angleterre. Chaque fois que Churchill venait à Paris, Odette devait être invitée lors d'un dîner à l'ambassade d'Angleterre[1]. « Ils avaient une fascination réciproque et se rencontraient régulièrement. Elle a fait beaucoup pour la notoriété de Pol Roger » raconte Hubert de Billy, arrière-arrière-petit-fils de Pol Roger. Très jolie femme aux yeux clairs, Odette ainsi que ses deux sœurs furent surnommées la « Wallace Collection », par allusion à la célèbre collection d'art de leur grand-père Richard Wallace, qui finança l'édification des fontaines du même nom. Devenue porte-drapeau de la maison à plein temps, après la mort de son époux Jacques en 1964, Odette qui n'eut pas d'enfant contribua à développer la marque, notamment en Grande-Bretagne, et fut l'une des veuves de champagne à marquer l'histoire de sa maison, tout comme Lily Bollinger ou Camille Olry-Roederer.

Fondée en 1849, la maison appartient toujours aux descendants de son fondateur Pol Roger en ligne directe. Même si, depuis 1997, Christian de Billy, le chef de famille, alors président des champagnes et actionnaire majoritaire à 57 %, a recruté pour le remplacer un patron venu de l'extérieur, Patrice Noyelle. Avec un peu moins de 30 millions de chiffre d'affaires, les Champagnes Pol Roger exportent 80 % de leur production dans 75 pays. Les 88 hectares de vignes de la maison, exploités en métayage, assurent un peu plus de 50 % de ses approvisionnements en raisins.

« Si les grands millésimes des années 1950 et 1960 ont fait la légende de la maison, 1995 et 1996 renouent glorieusement avec ce superbe passé, et en premier lieu la très profonde et harmonieuse cuvée Sir Winston Churchill », estiment les critiques Bettane et Desseauve[2]. Autrement dit, la maison a connu des millésimes moins prestigieux dans les années 1970-1980.

« Notre philosophie est de mettre en exergue le cépage avant tout de la façon la plus élégante possible. Notre champagne est plutôt floral », explique Évelyne de Billy, responsable des vignobles et du patrimoine foncier de Pol Roger, fille de Christian et descendante à la cinquième génération de Pol Roger. De 3 ans de vieillissement pour le Brut Réserve jusqu'à 10 ans pour la cuvée Sir Winston Churchill, tous les vins Pol Roger sont remués à la main comme le font les plus grandes maisons. Le Brut Réserve est issu de l'assemblage de pinot noir, pinot meunier et chardonnay. Il est majoritairement conçu à partir des vins de cuvée, complété par des vins de taille et résulte d'une combinaison entre les vins de vendange de l'année et les vins de réserve de plusieurs années antérieures. Même si toutes les vignes sont louées, la maison qui vinifie la totalité des raisins impose un cahier des charges très strict dans la conduite de la vigne : « Insecticides prohibés, vignes enherbées et traçabilité du raisin », tel est le credo d'Évelyne de Billy. « J'ai alors réalisé que j'adorais tailler la vigne », avoue cette femme dynamique arrivée en 1999 dans la société et reconvertie dans la viticulture à 40 ans, après avoir passé des années à fabriquer des chaussures de luxe chez Hermès. Aujourd'hui, elle est aussi l'un des rares membres de la famille à occuper un poste opérationnel dans la société, comme son frère Hubert de Billy, le directeur commercial et marketing. « Excellence et indépendance », telle est selon Hubert la devise de cette maison. Ainsi, pour ne pas trop dépendre d'un marché, aucun pays ne dépasse 20 % des ventes. « Même si l'image de Pol Roger est très anglo-saxonne, la Grande-Bretagne est un marché moins important pour nous que dans beaucoup d'autres maisons », souligne-t-il alors qu'il nous reçoit au siège social, avenue de Champagne à Épernay, dans le petit salon anglais aux murs recouverts de boiseries et des photos de ses ancêtres entourés de Churchill, qui ont géré la maison depuis sa création.

Quand Pol Roger devient une marque

Pol Roger était programmé pour reprendre la charge notariale paternelle situé à Aÿ[1], une paisible bourgade champenoise. Mais très malade, son père Pierre Charles Jean Baptiste Roger dut se retirer en 1849 avant de lui passer le relais. Pol Roger n'a que 18 ans lorsqu'il décide de lancer son négoce de vin, avec l'aide de ses parents qui lui apportent sa mise de fonds. Il ne s'agit pas d'une foucade de jeune homme. Ce métier, Pol Roger le connaît bien. Sa mère, Julie Roger-Jeannet, est la fille du notaire d'Aÿ et fait partie des grands propriétaires de vignes et de terres de la région. Un sacré passeport pour entrer dans ce business. Son premier client est un négociant d'Aÿ apparenté à sa mère, qui lui achète des cuvées provenant des vignes familiales. Épaulé par sa mère, très impliquée dans l'entreprise, et entouré par plusieurs cousins, Pol Roger mène son affaire rondement et décide d'exporter ses vins. Son association en Grande-Bretagne avec l'agent de marque Conrad Reuss – vendeur-né et fin connaisseur du marché du vin – lui permet de percer très vite outre-Manche. Signe ultime de reconnaissance, la maison de champagne obtient, en 1877, le prestigieux Royal Warrant de fournisseur de la cour d'Angleterre.

L'affaire tourne bien jusqu'au décès de Pol Roger à 68 ans. Mais à peine ses deux fils, Maurice et Georges Roger, ont-ils pris le relais de leur père qu'ils sont confrontés à la première grosse tuile. Par une nuit glaciale de février 1900, les caves de Pol Roger à Épernay s'effondrent, détruisant d'un coup une partie des vins, notamment ceux destinés aux Anglais. Heureusement, les grands millésimes sont partiellement épargnés. Grâce à la solidarité de leurs confrères champenois et avec l'aide de la famille, ils surmontent cette épreuve. Et réussissent alors, avant l'heure, un joli coup de marketing. Leur père avait déjà eu la très bonne idée de déposer la marque « Pol Roger » en 1851. Les deux frères ne vont pas en rester là. Ils demandent, en effet, l'autorisation exceptionnelle de changer leur nom de famille Roger en Pol-Roger, en ajoutant opportunément le prénom de leur père. Ce qu'ils obtiennent le 15 mars 1900, par un décret signé du Président de la République, Émile Loubet. « Transformer un nom de famille en une marque était capital. Nous l'avons fait bien avant Lacoste ! » se félicite Christian Pol-Roger, arrière-petit-fils de Pol Roger, le seul de sa génération ayant eu des fonctions opérationnelles à porter le nom de la marque.

« Mon grand-père Maurice et mon grand-oncle Georges s'entendaient et se complétaient très bien. L'un, Maurice, était plus porté sur les relations publiques et le commercial, alors que Georges était le financier », raconte Christian de Billy, désormais président du conseil de surveillance. Même si Georges était dans l'ombre de Maurice, plus autoritaire, les deux hommes partageaient surtout une passion qui n'était pas la vigne mais... la chasse et la pêche ! Du coup, au lieu d'acheter des vignes pour sécuriser leur approvisionnement en raisins comme le font alors les Roederer et autres Bollinger, les deux frères, eux, investissaient dans leurs hobbies. « Mon grand-père disait : “ la vigne au vigneron, le raisin et le vin au négociant ”. Ils ont préféré acheter des étangs et des forêts pour pêcher la carpe et chasser le canard. Seuls quelques terrains avaient l'appellation », déplore Christian de Billy, même s'il a hérité de ces passions. Mais cette erreur stratégique n'a pas de conséquence immédiate. Les deux frères ont beau passer plus de temps à l'affût du gros gibier que dans leurs bureaux, l'affaire continue à bien rouler grâce en particulier à leurs agents anglais, américains et français. La maison récupère même, avec le roi George V, l'accréditation de fournisseur de la cour d'Angleterre qui lui avait été retirée sous Edouard VII. De quoi donner un coup de fouet supplémentaire aux ventes. Mais l'arrivée du phylloxéra qui ravage les vignes et la guerre de 1914-1918 mettent brutalement fin à l'insouciance de Maurice et Georges.

En première ligne

Georges est mobilisé et rejoint le 12e régiment d'infanterie. Élu maire d'Épernay depuis 1912, Maurice, de son côté, prend ses responsabilités d'homme public. À la veille de l'occupation allemande, il découvre que les fonds de la municipalité ont été pillés par des fonctionnaires peu scrupuleux qui ont fui la ville[1]. « [Il] décide alors de battre monnaie, raconte Hubert de Billy, son arrière-petit-fils. Il fait éditer des billets garantis par la Ville, qui serviront de monnaie aux habitants d'Épernay. » Après-guerre, les habitants purent échanger leurs billets Pol Roger contre des francs à la Banque de France, qui fut remboursée par Pol-Roger. Pendant les huit jours de l'occupation d'Épernay, Maurice tient tête aux Allemands, qui le menacent par quatre fois d'exécution. Il n'empêche, le millésime 1914 se révéla excellent, mais la société resta avec de gros stocks car elle dut écouler les millésimes suivants. Même si des bombardements sur Épernay en 1918 endommagèrent les caves.

Révolution russe de 1917, prohibition aux États-Unis, crise de 1929, les affaires tournent au ralenti. Georges Pol-Roger est, lui aussi, investi dans la vie de la cité ; en 1932, il est élu président du tribunal de commerce d'Épernay. Les ventes de la maison repartent, d'abord sur le marché français, jusqu'à la Seconde Guerre mondiale. Guy, fils de Georges, est mobilisé, tandis que les autres membres de la famille Pol Roger quittent un temps Épernay. De retour dès juillet 1940, Maurice, Georges et son autre fils Jean comprennent que la donne a changé. Comme les autres maisons de champagne, Pol-Roger est contrainte d'approvisionner les Allemands. Maurice réussit à cacher les meilleures cuvées dans les caves. À ses risques et périls. En novembre 1943, en pleine réunion avec Otto Klaebisch, le « monsieur Vin » de l'armée allemande qui contrôle les achats et la production de champagne, le directeur du CIVC, Jean de Vogüe, grande famille champenoise, ainsi que plusieurs de ses collègues sont arrêtés par la Gestapo puis déportés dans un camp de concentration. La société Pol Roger doit, comme d'autres grandes maisons, alors s'acquitter d'une amende aux Allemands pour avoir protesté contre l'arrestation de Vogüe. (Il sera libéré par les Anglais en 1945.) Quant aux affaires, elles tournent bien sûr au ralenti. Les ventes à l'étranger s'étaient complètement effondrées pendant la guerre, la consommation avait considérablement baissé et de nombreux pays étaient fermés. Avec Jacques Pol-Roger (fils de Maurice) à l'export et aux relations publiques, Guy et Jean (les fils de Georges) à la gestion et au vin, la troisième génération des Pol-Roger prenait alors réellement les commandes et devait relancer les affaires après-guerre. C'est à ce moment que la belle et séduisante Odette Wallace, épouse de Jacques, fit la rencontre de Churchill, qui apporta une superbe image et une formidable publicité aux Champagnes Pol Roger, et participa notamment, avec l'agence Reuss, à la reconquête du marché britannique. Alors que Maurice restait impliqué, Georges très malade disparut en 1950, et Guy mourut prématurément en 1956.

Assurer son approvisionnement en raisins... une question de survie !

La maison Pol Roger tient toujours debout. Mais son modeste patrimoine viticole reste son talon d'Achille. « Nos grands-parents n'avaient pas fait d'études de viticulture, ils ne s'intéressaient pas à la vigne », constate Christian de Billy, membre de la quatrième génération devenu dans les années 1950 le bras droit de Jean Pol-Roger, nouveau patron de la maison. En 1955, conscients de cette faiblesse de la maison, Jean Pol-Roger et Christian de Billy s'inquiètent de la hausse des prix du raisin alors que la concurrence se fait plus vive. Pour être moins dépendant de l'extérieur dans leurs approvisionnements en raisins, le duo décide d'acquérir au plus vite des vignes. « Nous avons décidé d'acheter des terres à appellation pour les transformer en vignes et de convertir celles que nous avions déjà. Si nous avions pu avoir 20 ou 30 hectares de plus, ça aurait été bien ! » regrette Billy qui a aussi racheté des terres à titre personnel, et sans qui Pol Roger ne couvrirait pas aujourd'hui la moitié de ses besoins en raisins. Non contents d'avoir rectifié en partie l'erreur stratégique commise par Maurice et Georges en renforçant le patrimoine viticole de la maison, Christian de Billy et Jean Pol-Roger lancent aussi, en 1961, un rosé millésimé dont le succès ne s'est pas démenti depuis.

L'accession de Christian de Billy, neveu de Jacques Pol-Roger et fils de sa sœur Antoinette, marque également l'arrivée pour la première fois aux affaires d'un descendant ne portant pas le nom Pol-Roger. Parti travailler à Londres chez Kennedy-Reuss, l'agent « maison », à 22 ans, Christian intègre la société trois ans plus tard. « J'ai d'abord appris le métier d'ouvrier caviste avant de faire mon premier grand voyage aux États-Unis pour rencontrer les clients. À 25 ans, j'étais opérationnel. Tous les matins, nous nous réunissions à 7 heures avec le chef de cave pour faire le point sur les vins, la technique et les investissements », se souvient-il aujourd'hui, à 80 ans, toujours dynamique et encore très impliqué dans la maison.

Quand les deux Christian font un tabac

Laissé un peu en jachère aux agents de la maison, l'export connaît dans les années 1960 un vrai boom, avec l'arrivée aux commandes d'un duo aussi improbable qu'efficace. D'un côté, le rigoureux Christian de Billy. De l'autre, Christian Pol-Roger – le fils de Guy –, un brin snob, de douze ans son cadet, qui a rejoint la société quatre ans après la disparition de Maurice Roger. « Nous étions comme deux frères », se souvient Christian de Billy, dont l'épouse Chantal Budin – fille de Louis Budin, ancien maire d'Épernay pendant la guerre et ancien président de Perrier-Jouët – est la sœur d'Anne-Marie, la mère de Christian Pol-Roger. « Je suis allé là où il fallait réveiller la marque Pol Roger, aux États-Unis, au Canada, en Australie, dans le Pacifique Sud. La Suède s'est ouverte à ce moment-là à Pol Roger, elle est aujourd'hui l'un de nos cinq meilleurs pays... » raconte le *so British* Christian Pol-Roger, ambassadeur de la marque dans le monde. Mais après une période faste, qui dura jusqu'au premier choc pétrolier de 1973, le ciel s'est sérieusement assombri. Lorsque quatre ans plus tard Christian de Billy prend la présidence de la maison, à la suite de Jean Pol-Roger qui n'a pas eu d'enfant, les ventes repartent.

« Avec Christian, nous nous répartissions les pays, mais je ne faisais rien sans lui en parler. Il fallait bien qu'il y ait un président », justifie Christian de Billy, qui ressemble à son grand-père Maurice, par son énergie et son sens des responsabilités. Ensemble, les deux Christian, descendants directs du fondateur à la quatrième génération, ont aussi l'idée géniale d'élaborer en 1975 la cuvée Sir Winston Churchill, la première du nom lancée en 1984, afin de rendre immortel l'amour de l'homme politique pour le champagne de la maison, celui que préférait Churchill, pour qui le 44 avenue de Champagne à Épernay était « l'adresse la plus délectable du monde ». De quoi faire briller l'image de la maison ! « Mais ce n'était pas comme James Bond qui ne meurt jamais », plaisante Hubert de Billy faisant allusion aux accords du producteur des films de James Bond avec les Champagnes Bollinger. « Nous avons obtenu l'autorisation de la famille Churchill, notamment de sa fille Lady Soames, avec qui notre famille garde de très bonnes relations », raconte Christian Pol-Roger. Uniquement composée de raisins issus des grands crus de pinot noir et de chardonnay et élaborée seulement dans les meilleurs millésimes, cette cuvée garde secrète sa composition exacte. « Pour s'assurer de la fidélité aux goûts de Sir Churchill, nous nous sommes référés à nos archives afin de retrouver la composition de nos vins dans les années 1920, 1930 et 1940 », confie Christian Pol-Roger. À la fin des années 1980, la maison reprend en direct sa distribution en Grande-Bretagne, premier pays consommateur de champagne, et rachète un agent britannique afin d'élargir son portefeuille de marques. Mais la guerre du Golfe et la crise de 1993 frappe de plein fouet la maison de champagne comme la plupart de ses concurrents.

Un patron venu d'ailleurs

Les ventes viennent juste de redécoller lorsque Christian de Billy prend sa retraite, à 65 ans. Alors âgé de 34 ans, son fils Hubert ne lui paraît pas encore assez aguerri pour prendre le relais. Christian Pol-Roger, lui, a déjà 57 ans et pas d'enfant. « À ce moment-là, Christian (Pol-Roger) ne souhaitait pas prendre la présidence de la maison », raconte le *pater familias*, ce que confirme l'intéressé qui précise par ailleurs « être fâché avec les chiffres... sauf les millésimes ». Christian de Billy décide alors de faire piloter l'entreprise par un dirigeant extérieur à la famille, comme le feront les Bollinger dix ans plus tard : « Après avoir tenté de recruter quelqu'un dans une maison de champagne, j'ai fait appel à un chasseur de têtes. Parmi les trois candidats, l'un d'eux venait d'une affaire de famille en Bourgogne et parlait très bien anglais », raconte Billy qui est parvenu à faire avaler cette embauche externe à la famille. L'élu s'appelle Patrice Noyelle. Lorsque Billy lui propose le job, ce Bourguignon vient, après vingt-cinq ans de service, de quitter le Clos de Tart, prestigieux vignoble qui appartient à sa belle-famille, les Mommessin. Les rôles sont clairement répartis entre les deux hommes. Après modification des statuts de la société, Christian de Billy prend la présidence du conseil de surveillance et

Noyelle est nommé président du directoire. Cet ingénieur chimiste devenu un homme du vin sait qu'il n'est pas seul aux commandes. Christian Pol-Roger continue jusqu'en 2006 de s'occuper de l'exportation alors qu'Hubert de Billy, le fils de Christian, est en charge de la direction commerciale et marketing. Le très directif Noyelle parvient vite à s'imposer, non sans provoquer quelques grincements de dents. « J'ai voulu commencer par reconstruire une société solide, raconte-t-il. Je savais que la maison jouissait d'une superbe réputation, mais elle gagnait alors très peu d'argent. »

Noyelle frappe fort. Dès 1998, il amorce une politique d'investissements ambitieux. « La famille a dû ouvrir son porte-monnaie ! » se souvient Christian Pol-Roger. Au total, une quinzaine de millions d'euros sont ainsi investis sur dix ans. Le nouveau boss embauche Dominique Petit, ancien de chez Krug pendant vingt-cinq ans, qui élabore les cuvées avec l'aval de la famille pour faire les assemblages. Avec sa nouvelle recrue, Patrice Noyelle réorganise la production et modernise la maison. De 2001 à 2008, toute la cuverie est refaite et la société, informatisée.

Après le passage au troisième millénaire qui provoque une envolée des ventes de champagne, Pol Roger tourne à nouveau à plein régime. « La qualité est devenue toujours bonne et régulière », se réjouit Patrice Noyelle. Le produit aussi subit des retouches « afin d'avoir une forte identité » : l'habillage et le conditionnement des bouteilles ont été transformés. « Il nous fallait aussi des distributeurs dont la philosophie corresponde à celle de Pol Roger, une société qui élabore un produit de niche et de luxe. Nous avons donc remis à plat notre réseau de distribution », ajoute-t-il. « En France, nous avons signé un contrat de distribution avec Baron Philippe de Rothschild SA, également membre de l'association Primum Familiae Vini (PFV) », précise Hubert de Billy. En Italie, la maison change aussi de distributeur et signe avec Ludovico Antinori, frère de Piero, autre membre de PFV. Depuis, les ventes ont explosé. Nouvel agent aussi en Allemagne, au Japon et en Australie, où Pol Roger était auparavant distribué par la filiale de Pernod Ricard qui vendait par conteneurs. Après avoir signé avec Robert Hill Smith, grand producteur et distributeur en Australie, ce pays est devenu le troisième marché de Pol Roger. De quelques centaines de milliers de bouteilles à la fin des années 1990, la marque vend aujourd'hui 4 millions de bouteilles en Australie. « Mais plus le marché est loin, plus une présence compte », souligne Christian Pol-Roger, qui n'a pas manqué comme « ambassadeur de la marque » de défendre les couleurs du nectar familial. « Si le champagne que vous buvez n'était pas au top du top, je ne pourrais pas supporter de voir mon nom accolé ainsi dégradé », ajoute Christian Pol-Roger, à la retraite depuis 2006 et représentant des actionnaires minoritaires familiaux au conseil de surveillance. À son départ, Patrice Noyelle a embauché Laurent d'Harcourt, 45 ans, comme nouveau directeur de l'exportation. Considéré comme un pro dans le métier, d'Harcourt qui siège aussi au directoire apparaît déjà comme le numéro deux de la maison. « Il m'apporte énormément », confie Patrice Noyelle, dont les relations avec certains membres de la famille semblent toujours tendues. « Être adossé à une famille donne du temps au temps. C'est un sérieux atout », observe-t-il cependant.

Patrick Noyelle, le régent qui ne s'en laisse pas compter

Confrontés régulièrement à la forte personnalité de Patrice Noyelle et à son tempérament autoritaire, quelques membres de la famille se sont senties « blessés dans leur ego ». Des décisions, comme le changement d'habillage des bouteilles, ont ainsi fait, semble-t-il, l'objet d'échanges assez vifs avec Christian Pol-Roger. « Noyelle est bon gestionnaire et bon *manager*, même si ce n'est pas toujours facile, c'est l'intérêt de la société qui doit primer », relativise Hubert de Billy. Tandis qu'un actionnaire minoritaire accepte de nous recevoir à Épernay à condition de ne pas rencontrer ce jour-là le président du directoire... Ambiance !

« Je veux que la bonne entente continue à régner », insiste Christian de Billy, le président du conseil de surveillance qui a imposé l'embauche de Charles Hamer, le beau-frère de Christian Pol-Roger, dans la filiale anglaise Pol Roger Limited à Londres. « Un pêcheur à la mouche comme moi », précise-t-il, toujours soucieux de faire passer le maximum d'informations sur la marche de l'entreprise à l'ensemble de la famille, en plus des quatre réunions annuelles du conseil de surveillance et de l'assemblée générale de juin. Trois personnes font le relais dans chaque branche : Christian de Billy pour les descendants de Maurice Pol-Roger, Christian Pol-Roger pour la branche de Guy Pol-Roger (fils de Georges) – dont quelques petits-neveux portent encore le nom Pol-Roger – et Aymar Le Roux, descendant de Nicole Pol-Roger (fille de Georges). En 2008, Hubert de Billy a eu l'idée d'organiser une grande réunion de famille, qui a réuni 70 personnes, la même semaine que l'assemblée générale et la réunion avec l'association Premium Famili Vinae. Pour l'instant, Pol Roger est tenu par Christian de Billy qui contrôle le capital et tient terriblement à l'indépendance de la famille, dont les membres sont liés par un pacte d'actionnaires. « Je ne suis pas vendeur, tranche-t-il. Que ferais-je d'un paquet de billets ? Je chasse, je pêche, je n'ai pas besoin de châteaux. J'ai déjà fait des donations à deux de mes quatre enfants. Ma mère et mon oncle Jacques m'ont tout donné, et mon grand-père Maurice leur avait tout donné de son vivant en gardant l'usufruit. » Cela n'a pas empêché quelques bisbilles. Après la mort de Georges et de son épouse au début des années 1950, leur gendre, Robert Le Roux qui travaillait chez un agent de change a souhaité vendre les actions Pol Roger héritées. Mais il en voulait plus que les offres faites par sa famille. Il a alors décidé de vendre un paquet d'actions en Bourse sur le hors-cote de Nancy. C'est la raison pour laquelle il reste encore 3 % du capital de Pol Roger en Bourse. À ce moment-là, Christian de Billy a racheté en direct 7 % du capital par l'intermédiaire de Jean Pol-Roger pour devenir majoritaire. L'indépendance des Champagnes Pol Roger pourrait se jouer à la prochaine génération. Si de jeunes Billy ou Pol-Roger s'impliquent dans l'affaire, ils auront sans doute à cœur de conserver l'entreprise au sein de la famille.

1. « Pol Roger & Co », Cynthia Parzych et John Turner – Cynthia Parzych Publishing, 2000.
2. *Les Plus Grands Vins du monde*, Michel Bettane et Thierry Desseauve – Minerva, 2006.

Les meilleures cuvées de Pol Roger de ces trente dernières années

- Sir Winston Churchill : 1982, 1985, 1996, 1998
- Chardonnay Vintage : 1985, 1986
- Extra Cuvée de Réserve Blanc de blancs : 1995
- Extra Cuvée de Réserve Rosé : 1985, 1986
- Extra Cuvée de Réserve Brut : 1999
- Extra Cuvée de Réserve Vintage : 1985

Elles font cave séparée

Mon premier s'est d'abord affirmé comme la plus grande lignée de la haute finance, les Rothschild. Mon second symbolise la tribu bordelaise par excellence : les Lurton. Mon troisième, les Mellot sont au vin de Sancerre ce que le chavignol est au fromage du Berry : une institution ! Mon tout a pour point commun de faire cave séparée. Il n'y pas, en effet, une branche Rothschild dans le vin mais trois : celle de Mouton Rothschild, premier grand cru classé représenté par Philippine, celle de son cousin Éric qui pilote le premier grand cru classé Lafite Rothschild, et celle de Benjamin, propriétaire de Château Clarke, cru bourgeois du Médoc. Descendant d'un certain Alphonse Mellot, la famille du Sancerrois s'est divisée à la fin des années 1960 en deux branches viticoles : d'un côté, les

« Alphonse », propriétaires du fameux cru La Moussière, de l'autre, les Joseph, puissants négociants vignerons de la région. Enfin, il y a les Lurton, avec deux figures tutélaires : André et Lucien, qui ont construit chacun de leur côté des petits empires viticoles. Mais si Lucien a légué ses onze châteaux à ses dix enfants, André, lui, a plus de mal à passer le relais aux siens. Et si ces familles partagent toutes le même patronyme, leurs relations ne sont pas toujours des plus cordiales. Même si aujourd'hui les deux branches sont en bons termes, les Rothschild de Lafite ont fait partie des plus farouches opposants au classement de Mouton en premier cru. Chez les Lurton, André le volubile et Lucien le taiseux se fréquentent peu. Quant aux Mellot, ils s'ignorent d'autant plus que les deux branches affichent des stratégies et des philosophies viticoles opposées, mais toutes les deux gagnantes. Difficile, en effet, de réconcilier le bio élitiste Alphonse Mellot junior avec sa cousine par alliance de la branche Joseph, roi des Sancerre et vins de Loire à petits prix ! Mais avec plusieurs branches accrochées au même nom, ces dynasties du vin ne semblent pas prêtes de s'éteindre.

Rothschild : de la haute finance aux premiers grands crus bordelais

Plus qu'un nom, Rothschild est un mythe. Pour le grand public, ce patronyme synonyme de richesse est d'abord associé à une lignée exceptionnelle de financiers. Connue pour ses faits d'armes en affaires et ses figures légendaires, cette dynastie vieille de deux siècles et demi d'histoire est aussi célèbre pour ses deux premiers grands crus classés du Bordelais, Mouton Rothschild et Lafite Rothschild, qui figurent sur la liste des meilleurs vins du monde. Différents dans leurs styles, ces deux monuments de Pauillac font en effet saliver les adorateurs de Bacchus depuis maintenant plusieurs siècles. D'un côté, « le charme immédiat du bouquet, la puissance épicée, la richesse tannique » d'un mouton[1], de l'autre, « la finesse inégalée et la puissance extraordinaire » d'un lafite[2]. Deux nectars qui ont aussi pour dénominateur commun leur exceptionnelle longévité. Nombreux sont les amateurs qui se damneraient pour plonger leur nez dans un verre de mouton 1959 capable de vieillir centenaire. Ou de humer « les senteurs de doux cèdre, de terre, de cake, de crayon à papier » d'un lafite 1848, à l'instar du critique Robert Parker en... 1995 ! Deux trésors bachiques que les Rothschild ont su conserver et valoriser malgré les aléas de la vie et les caprices de la vigne. Certains auraient craqué face aux difficultés multiples. Pas les Rothschild. Aujourd'hui, Philippine de Rothschild possède Mouton, tandis que Lafite est, lui, géré par son cousin Éric et codétenu par six héritiers de la lignée. À ce double exploit financier et œnologique s'ajoute l'arrivée plus récente d'une troisième branche de la famille sur la planète Vin, représentée par le très discret Benjamin, dont le père feu Edmond de Rothschild a racheté Château Clarke en 1973.

Les premiers pas des Rothschild dans le vignoble bordelais

L'histoire des Rothschild dans le vin a officiellement commencé en 1853. Cette année-là, l'ancêtre de Philippine, Nathaniel de Rothschild, surnommé « Nat », achète pour 1 175 000 francs de l'époque le domaine Brane-Mouton en Médoc, rebaptisé par la suite Mouton Rothschild. Financier reconnu, Nathaniel de Rothschild pense alors avoir fait avec Mouton un bon placement. Au milieu du XIXe siècle, beaucoup de propriétaires bordelais avaient été contraints, à la suite d'une série de mauvaises récoltes, de brader leur domaine. Mouton (qui désigne, en vieux français, un lieu en forme de motte) était du lot, et Nathaniel a su en profiter.

Héritier de la branche anglaise, Nat avait rejoint son oncle James pour travailler dans la banque de la rue Lafite à Paris. Amateur d'art et philanthrope, il était aussi « séduit par la mystique de la viticulture » et très « fier de pouvoir offrir à ses invités un vin excellent portant son nom sur l'étiquette », raconte Derek Wilson dans sa biographie de la famille[3]. Pour y parvenir, Nathaniel de Rothschild s'implique lui-même dans la production et dans la commercialisation. Furieux que le classement de 1855, établi lors de l'Exposition de Paris, relègue Mouton au rang de deuxième cru, il exprima son agacement en écrivant une maxime longtemps restée dans les mémoires : « Premier ne puis, Second ne daigne, Mouton suis. »

Nathaniel de Rothschild n'est pas le seul de la famille à s'intéresser au vignoble bordelais. Son oncle James, le puissant banquier parisien, nourrissait lui aussi une passion pour le bon vin. Il appréciait particulièrement le bordeaux, et notamment celui de Lafite, château déjà reconnu comme le meilleur cru du Médoc et dont il possédait une impressionnante collection. Principalement constitué par Jacques de Ségur en 1670, le vignoble bénéficie en effet d'une très grande réputation. Il fut même prescrit dès 1755 au maréchal de Richelieu comme élixir de jouvence. Étonné par la forme de Richelieu, Louis XV lui aurait demandé son secret. « J'ai découvert que le vin de Lafite est un cordial généreux, délicieux et comparable à l'ambroisie des dieux de l'Olympe. » À Versailles, la Cour se précipita sur le breuvage. Madame de Pompadour le fit ainsi servir à ses soupers. La fin du XVIIIe et le début du XIXe siècle sont, en outre, marqués par une série de millésimes exceptionnels, qu'il s'agisse des 1797 et 1798 ou des 1801, 1802, 1814, 1815... sans oublier le fabuleux 1818 !

La passion de James de Rothschild pour Lafite l'avait même poussé à faire une offre de rachat du domaine dès 1830. Le propriétaire déclina cette proposition. Le baron James dut ainsi attendre 1868 pour mettre la main sur Lafite. L'affaire ne fut pas si simple à réaliser. Le 20 juillet 1868, deux ans après le décès du propriétaire de Lafite,

Aimé-Eugène Vanlerberghe, le domaine en liquidation fut mis aux enchères à Bordeaux. James de Rothschild allait alors se heurter à un syndicat de négociants locaux décidés à contrer le rachat d'un vignoble supplémentaire par des hommes d'affaires parisiens. Lafite fut même retiré de la vente, n'ayant pas atteint le prix minimum de 4,7 millions de francs. Du coup, le domaine fut mis aux enchères à Paris le 8 août à un prix inférieur, soit 3,2 millions de francs. Mais les marchands bordelais avaient fait le déplacement dans la capitale. Très vite, la mise à prix fut dépassée. Et James de Rothschild dut batailler ferme pour emporter Lafite, pour un montant de 4,4 millions de francs. Trente-huit ans après sa première tentative et à quelques mois de sa mort, il réalisa ainsi le dernier rêve de sa vie.

À quand l'Australie ?

Un siècle et demi après les premiers pas de Nathaniel et James de Rothschild dans le vignoble bordelais, les intérêts de la famille dans le vin se sont sérieusement étoffés. Aux célèbres deux premiers grands crus bordelais, Mouton Rothschild et Lafite Rothschild, sont venues s'ajouter une marque mondiale, Mouton Cadet, et une collection impressionnante de domaines en Europe, aux États-Unis, en Amérique latine et en Afrique du Sud. Seul le vignoble australien semble pour le moment hors de portée. Et il s'en est fallu de peu pour que la famille n'accroche en 1973 à son tableau de chasse un troisième grand nom : Château Margaux.

À l'époque, feu Edmond de Rothschild, le père de Benjamin, aurait pu racheter le grand cru, alors mal en point. Mais il a reculé, par crainte notamment de voir la famille accusée de monopoliser les icônes bordelaises ! Aujourd'hui, l'ensemble des affaires viticoles de la dynastie représenterait aux alentours de 800 millions d'euros selon *La Revue du vin de France*, soit presque un quart de leur patrimoine total, principalement constitué d'établissements financiers. Incroyable destin viticole pour une dynastie qui ne l'est pas moins. Mais attention, si toutes les bouteilles écoulées sont ornées de l'emblème familial – cinq flèches orientées vers le haut –, chacune des trois branches historiques de la famille investies dans le vignoble fait cave à part. Six héritiers Rothschild se partagent Lafite, piloté par le très *British* Éric de Rothschild, tandis que la virevoltante Philippine (Mouton Rothschild) et le très secret Benjamin (Château Clarke) règnent, eux, en maître absolu sur leurs propriétés viticoles respectives. Non seulement leurs intérêts sont distincts, mais chacune des trois branches de la dynastie présente dans le milieu du vin a su jouer la carte du partenariat extérieur à la famille pour développer ses positions respectives dans le monde.

Moins fortunés et moins puissants que la génération de la révolution industrielle entrée avec célérité dans le vignoble bordelais, les Rothschild d'aujourd'hui revendiquent haut et fort les valeurs d'une lignée de conquérants. À l'image du fondateur de la dynastie, Mayer Amschel (1744-1812), changeur numismate devenu banquier de Guillaume Ier, prince-électeur de Hesse. « Un Rothschild qui n'est pas riche, pas juif, pas philanthrope, pas banquier, pas travailleur et qui ne mène pas un certain train de vie n'est pas un Rothschild. » La maxime attribuée à Edmond de Rothschild reste vraie. Même esprit d'entreprise digne des bailleurs de fonds des Chemins de fer français, même tradition philanthropique que leurs prédécesseurs à l'origine de nombreuses fondations à leur nom, même attachement à une communauté victime des pires persécutions. Dans la finance comme dans le vin, la famille affiche une longévité record. Capables de construire ou de reconstruire des banques comme des chais, les Rothschild sont toujours là, bien campés dans leur époque.

Le « génial » Philippe de Rothschild

C'est lui, Philippe, qui a fait de Mouton Rothschild un premier grand cru classé et a créé une marque mondiale avec Mouton Cadet. Avant de tomber amoureux de Mouton, il apparaissait comme un dilettante passionné de courses en tout genre, un esthète en herbe amateur de théâtre et de cinéma, avec la production en 1932 du célèbre *Lac aux dames* de Marc Allégret. Mais son parcours à la tête de Mouton apporte un démenti cinglant à cette première impression, et pour beaucoup de membres de sa famille, il fut le plus brillant de sa génération.

Lorsque son père lui confie l'exploitation du domaine en 1922, Philippe de Rothschild a seulement 20 ans. À la différence des successeurs familiaux de son arrière-grand-père Nathaniel, qui avaient délaissé le domaine, Philippe, lui, aime l'endroit, et il est persuadé que l'on peut sérieusement en améliorer la qualité et les ventes. Très vite, il entreprend une révolution commerciale, non seulement pour Mouton, mais pour l'ensemble du Bordelais. Jusqu'à son arrivée, la mise en bouteilles du vin était assurée par les négociants qui le revendaient ensuite aux grossistes et aux détaillants. Philippe de Rothschild décide de supprimer une étape en effectuant lui-même la mise en bouteille au château. À l'époque, cette initiative apparaissait aux yeux des professionnels comme de la pure folie. Car il fallait avoir les reins très solides pour conserver le vin plusieurs années dans sa cave, le mettre en bouteilles avant de pouvoir être payé. Mais cela n'effraya pas le baron qui fit construire un immense chai, unique en son genre à l'époque, où étaient alignés des centaines de tonneaux de chêne. D'autres propriétaires bordelais lui emboîtèrent le pas avant de se joindre à lui dans son Association des premiers crus. Homme de marketing dans l'âme, Philippe de Rothschild se lance dans un projet encore plus audacieux avec la création de la première marque de négoce : Mouton Cadet. Au milieu des années 1930, le monde du vin est en plein marasme. Bordeaux ne parvient pas à écouler sa production, et les consommateurs se divisent, *grosso modo*, en deux catégories : l'élite qui accède aux grands crus et le reste de la population qui se contente du vin de table de médiocre qualité. Philippe de Rothschild a alors l'idée de proposer un vin de bonne tenue à un prix abordable. Composé dans un premier temps des barriques qui ne sont pas retenues pour Mouton Rothschild, Mouton Cadet devient ensuite un vin assemblé à partir de vins ou de raisins achetés auprès de viticulteurs ou sur la place de Bordeaux. Surfant tour à tour sur la reprise économique européenne, le boom américain des années 1960-1970 et l'explosion de la consommation en Asie, Mouton Cadet culmine à 16 millions de bouteilles. Tandis qu'il développe ses affaires, un autre sujet tracasse Philippe de Rothschild. Comme son ancêtre Nat, il n'accepte pas le classement de 1855, qui a relégué Mouton au rang de deuxième grand cru classé. Cette affaire avait laissé totalement indifférent le fils et le petit-fils de Nathaniel. Pas lui, qui entend corriger cette injustice par tous les moyens. Mais en voulant faire de Mouton un premier cru, il allait déclencher l'ire de ses cousins, propriétaires de Lafite. À commencer par le très têtu feu Élie de Rothschild qui gérait le domaine à l'époque.

Mouton contre Lafite

Pour Élie de Rothschild, faciliter l'accession de Mouton au rang suprême revenait à favoriser un concurrent déjà sérieux pour Lafite. La passe d'armes entre Philippe de Rothschild et son cousin Élie, décédé en août 2008, n'en fut que plus violente. Elle débuta vraiment après la Seconde Guerre mondiale. Les deux hommes étaient alors d'autant plus décidés à en découdre que leurs vignobles, situés à quelques kilomètres l'un de l'autre, traversaient une mauvaise passe. D'un côté, Lafite affichait des pertes récurrentes. De l'autre, Mouton, endommagé par les bombardements allemands et vérolé de monstrueux blockhaus bâtis par l'occupant qui avait autorisé la production mais pillé le château.

Du coup, pour sortir de l'ornière, Élie et Philippe adoptèrent des stratégies aussi opposées que leurs caractères. Austère et rugueux, le premier choisit de s'appuyer sur la tradition et sur le brevet d'excellence que constituait pour Lafite le classement de 1855. Homme d'affaires redoutable et publicitaire-né, tombé amoureux de Mouton, Philippe de Rothschild était, lui, bien décidé à faire repartir un domaine fragilisé par la guerre. Il eut ainsi l'idée de demander à un jeune artiste de lui dessiner une étiquette avec un V pour « Victoire », destinée à orner l'exceptionnel mouton 1945. Ce jour-là, Philippe était loin de se douter que ce vin, considéré par Robert Parker comme l'une des légendes du XXe siècle et orné d'un V de la victoire réalisé par Philippe Julian, deviendrait l'objet d'une intense spéculation ! Le 5 octobre 2006 à Los Angeles, six magnums de 1945 se sont ainsi arrachés pour 57 500 dollars pièce lors d'une vente aux enchères organisée par Christie's. De Cocteau à Braque, en passant par Dali, Picasso, Chagall, Poliakoff, Soulages, Warhol, Bacon, la liste des artistes qui ont, depuis, réalisé des œuvres ou accepté leur reproduction pour illustrer les étiquettes de Mouton Rothschild regroupe, à elle seule, le gotha de l'histoire de l'art du XXe siècle. Du coup, même quand le millésime n'est pas exceptionnel, à l'image du 1971 orné d'une œuvre du peintre russe Vassily Kandinsky, les flacons restent très demandés par les collectionneurs.

Bouteilles ornées des dessins des plus grands peintres de son temps, transformation des dépendances en une somptueuse résidence, musée du vin ouvert au public : l'activisme et l'exubérance calculée de Philippe de Rothschild agaçaient le très conservateur et très bourru Élie de Rothschild !

« Élie et Philippe ne pouvaient pas se supporter car ils ne se comprenaient pas », observe Éric de Rothschild. Plus précise, Philippine estime qu'Élie prenait Philippe pour « un vieux c... ». Et que Philippe tenait Élie « pour un jeune coq prétentieux[4] ». Tandis qu'Élie commandait ses troupes à la façon d'un lieutenant de cavalerie, Philippe recevait ses employés allongé sur son lit. La tension entre les deux cousins monta encore d'un cran lorsque Élie a réuni, en 1952, les trois autres propriétaires de premiers grands crus pour former l'association des quatre. Autrement dit, pour exclure Mouton ! « Mouton, premier cru, jamais ! Qu'il reste à sa place », répétait Élie dans les dîners en ville. La guerre était déclarée. Elle allait durer plus de vingt ans. « Si Élie ou Philippe surprenait l'un de leurs employés en train de boire un verre ensemble dans un café de Pauillac, ils étaient virés sur-le-champ », raconte Charles Chevallier, directeur de Lafite[4].

Un mariage célébré au mouton 1869 et au lafite 1928

Les cousins qui ne se parlaient plus et s'insultaient même par voix de presse ont consenti à faire la trêve pour une seule occasion : le mariage de Philippine, la fille de Philippe, avec le comédien metteur en scène Jacques Sereys. Lors du déjeuner, qui eut lieu le 4 mars 1961 à Mouton, Philippe servit un mouton 1869 après un 1928 et un 1933, date de naissance de Philippine. Le dîner aux chandelles, qui se tint à Lafite, fut arrosé de deux lafite 1928 et 1949 et d'un mouton 1869. « Les couteaux étaient rangés, l'esprit de famille prit le dessus et le problème de la classification de Mouton fut oublié pour quelques heures », raconte Philippe de Rothschild dans son autobiographie. Mais l'accalmie dura le temps d'une averse en Médoc.

De la chambre de commerce de Bordeaux au ministère de l'Agriculture, Philippe de Rothschild multiplia les démarches. Au début des années 1970, l'affrontement se fit au détriment même de la qualité des deux crus et tourna à une guerre des prix aussi désastreuse pour les deux maisons que pour le Bordelais. « Finalement, le baron Élie, qui de toute façon allait céder la place à son neveu Éric, accepta de ne plus s'opposer à ce que Mouton fasse partie des premiers crus », relate Derek Wilson. Fort du soutien de ses cousins propriétaires de Lafite, proches de Georges Pompidou alors Président de la République, Philippe arracha en 1973 le décret signé de Jacques Chirac – à l'époque ministre de l'agriculture – qui consacrait Mouton Rothschild premier cru. Dans la foulée, la devise de Nathaniel devint : « Premier je puis, Second je fus, Mouton ne change. » Ironie de l'histoire, le mouton 1973 est considéré comme sans intérêt par nombre d'experts ! Hormis les 1962 et 1970, ceux produits dans les décennies 1960 et 1970 ne sont pas restés dans les mémoires.

Éric et Philippine… cousin, cousine !

Aujourd'hui, la hache de guerre est enterrée. Entre Philippine de Rothschild, qui a repris le domaine à la mort de son père Philippe en 1988, et son cousin Éric de Rothschild, qui pilote désormais Lafite, pas la moindre rivalité mais une solide complicité qui remonte aux vacances d'été passées à faire les quatre cents coups dans les vignobles et les chais de Mouton. Descendante de la branche anglaise de la dynastie (cousine de la branche française), la virevoltante Philippine est aujourd'hui LA Rothschild du vin. Propriétaire avec ses trois enfants Camille, Philippe et Julien de Mouton Rothschild, de Château d'Armailhac et de Château Clerc Milon, Philippine est aussi l'actionnaire majoritaire de BPR – Baron Philippe de Rothschild SA, qui produit le célèbre vin de marque Mouton Cadet. Ancienne sociétaire de la Comédie-Française, Philippine qui partage aujourd'hui sa vie avec l'écrivain Jean-Pierre de Beaumarchais se doutait qu'il ne serait pas facile de succéder à une figure aussi respectée que son père dans le monde du vin. « Un gourou du vin auquel personne n'osait rien dire[4] ». Pourtant, depuis qu'elle est aux commandes, rien ne semble pouvoir arrêter cette maîtresse femme qui a su très vite s'imposer, en dépit, à ses débuts, de relations tourmentées avec les dégustateurs professionnels. Avec l'appui d'une équipe de haut niveau, la baronne a réussi à relever les défis de la succession et à développer à sa façon l'outil dont elle avait hérité. Certains experts estiment que le cru a renoué depuis 2000 avec son meilleur niveau, les millésimes 2000, 2002, 2003 et 2005 étant, selon eux, dans la droite lignée de l'indétrônable 1945.

Son père avait passé un accord en 1979 avec son ami américain feu Robert Mondavi pour produire ensemble un grand vin dans la Napa Valley. Baptisé Opus One, celui-ci fait partie des meilleures références californiennes. Mais la reprise du petit empire, créé par Robert Mondavi, par Constellation Brands, le premier groupe mondial du vin, risquait de remettre en cause ce partenariat. Consciente de l'enjeu, Philippine n'a pas oublié la visite que lui ont rendue un jour d'avril 2006 Richard Sands et son frère Robert, copropriétaires du groupe. Débarqué de Rochester dans deux Falcon 900, le duo qui pèse 5 milliards de dollars de chiffre d'affaires dans les vins et spiritueux n'est pas seulement venu visiter Mouton et découvrir le Bordelais, mais discuter business. En femme d'affaires avertie, Philippine de Rothschild a non seulement signé un accord de partenariat à 50/50 dans Opus One avec Constellation Brands, mais elle en a aussi profité pour confier au groupe américain la distribution de Mouton Cadet aux États-Unis, qui affichait une sérieuse baisse de ses ventes (4 millions de bouteilles en moins de quatre ans). « Le boycott des vins français après l'invasion américaine en Irak, la concurrence des vins du Nouveau Monde et la concentration de la distribution ont fait beaucoup de mal à Mouton », explique Xavier de Eizaguirre, directeur de Domaines Barons de Rothschild (DBR)[4]. Parallèlement à la relance de Mouton Cadet, Philippine a signé un partenariat avec le groupe chilien Concha y Toro, qui produit aujourd'hui Almaviva, l'un des meilleurs vins du pays. Elle a lancé encore un vin de cépage au Chili (Escudo Rojo) et créé une marque générique en Languedoc. Pas étonnant, dans ces conditions, que son patrimoine viticole soit estimé aujourd'hui à quelque 300 millions d'euros par *La Revue du vin de France*.

Éric le diplomate

Plus posé mais pas forcément plus patient que sa cousine Philippine, Éric de Rothschild, 69 ans, n'a pas bénéficié de l'apprentissage exceptionnel dont Philippine a profité avec son père. Lorsqu'il succède à son oncle Élie, en 1974, il a aussi conscience de n'être qu'un honnête connaisseur du vin. Du coup, juste après sa nomination, il décide de s'inscrire à la faculté d'œnologie de Bordeaux pour asseoir ses connaissances et pouvoir discuter avec les pro mais aussi les actionnaires familiaux. Car Éric n'est pas maître chez lui. Autrement dit, aucune décision stratégique ne peut être prise sans l'aval des cinq autres actionnaires familiaux, réputés pour leurs caractères bien trempés autant que pour leur sens des affaires. Président du conseil d'administration, il peut, certes, compter sur le soutien sans faille de ses cousins français David, patron de la banque Rothschild & Cie, et sur celui d'Édouard (ex-associé gérant de Rothschild & Cie, président de France Galop et premier actionnaire du journal *Libération*). Mais il doit aussi affronter l'œil parfois critique de son cousin Benjamin, premier actionnaire, le regard connaisseur d'Élie (souvent remplacé par son fils Nathaniel), son prédécesseur à Lafite, et ménager le philanthrope multimillionnaire, lord Jacob Rothschild (souvent représenté par son fils, un autre Nathaniel, et par ailleurs patron du fonds d'investissement Atticus NR). Face à cette brochette d'hommes d'affaires redoutables, Éric qui n'a pas la forte personnalité de son oncle choisit de jouer la carte de la diplomatie. Tandis qu'il prend la mesure de Lafite, la banque familiale est nationalisée en 1981. Profitant des 150 millions d'euros d'indemnisation, il lance avec son cousin David de Rothschild une nouvelle banque d'affaires, Rothschild & Cie, qui sera un grand succès, et crée les Domaines Barons de Rothschild (Lafite). Plus sûr de lui, Éric acquiert alors en 1985 le prestigieux Château Rieussec en Sauternes, puis cinq ans plus tard le non moins réputé Château de l'Évangile, en Pomerol, qu'il partage avec le *self-made man* belge Albert Frère. Auxquels s'ajoutent le domaine d'Aussières en Languedoc, les propriétés de Los Vascos au Chili, la Quinta do Carmo au Portugal... sans oublier la Bodega Caro, codétenue avec la grande famille argentine des vins Catena et Rocca di Frassinello, un vin toscan coproduit avec l'Italien Castellare di Castellina.

L'iconoclaste Benjamin de Rothschild

Cadet du trio, l'ombrageux et très futé Benjamin de Rothschild, 46 ans, est beaucoup plus fortuné (1,9 milliards d'euros de patrimoine selon le magazine *Challenges*[6]) que son cousin Éric et sa cousine Philippine qu'il apprécie beaucoup. Avec 15 millions d'euros de chiffre d'affaires et environ de 2,5 millions de bouteilles, ses intérêts viticoles (holding viticole Benjamin & Edmond de Rothschild) sont plus modestes que ceux de ses deux cousins. Installé à Genève avec son épouse Ariane et leurs quatre filles, il pilote la très puissante et très réputée Compagnie financière Edmond et Benjamin de Rothschild. Gouaille de marin, rasage approximatif et manières un peu rudes, il ne peine pas à s'affirmer comme le plus iconoclaste de sa génération. Son franc-parler tranche souvent avec les règles des bonnes manières publiées par sa mère Nadine de Rothschild et avec le sens de la diplomatie de feu son père Edmond. Enfant unique entouré dès le berceau d'une kyrielle de domestiques et élevé dans les ors du château de Pregny, près de Genève, Benjamin n'a jamais cherché à démentir les rumeurs sur sa jeunesse dépressive et son attirance pour les paradis artificiels de l'époque.

Ultradiscret dans les médias français en particulier, ce passionné de voile n'est jamais aussi heureux qu'en mer, avec ses amis Loïc Peyron et Lionel Lemonchois, vainqueur de la Route du rhum en 2006. « J'exècre les dîners en ville et les mondanités liées aux affaires. Cela ne sert à rien[4]. » Même s'il reconnaît que le vin « fait partie de sa vie », Benjamin ne paraît pas aussi passionné que ses cousins, à la différence de sa mère Nadine et de son épouse Ariane qui le représentent souvent dans des manifestations autour du vin. Tandis que la gestion de ses affaires viticoles est brillamment pilotée par son ami d'enfance Bertrand Otto, également responsable de ses investissements immobiliers.

Officiellement, Benjamin possède aussi 1/6e de Lafite, le cru racheté par James de Rothschild. Pourtant, il nous assure qu'il est bien le premier actionnaire du prestigieux cru avec plus de 20 % des actions. Sa part a augmenté, selon lui, depuis le rachat dans les années 1980 des titres détenus par une autre héritière. Comparée aux deux autres Rothschild plus que cent cinquantenaires dans le vin, la branche de Benjamin fait figure de novice !

Son arrivée dans les chais remonte seulement à 1973, lorsque Edmond reprend Château Clarke situé dans l'appellation Listrac-en-Médoc. Soit cent vingt ans après l'acquisition de Mouton Rothschild ! Dans la foulée de Clarke, Edmond de Rothschild rachète le Château Malmaison (Moulis) et le Château Peyre-Lebade (Listrac), deux vignobles contigus à Clarke. En héritant, le fils d'Edmond n'a pas délaissé le vin. À ces trois propriétés qui ont été progressivement modernisées, Benjamin a ajouté, en France, le Château des Laurets (Puissegin-Saint-Émilion). Il a aussi et surtout mis en musique la joint-venture signée en 1997 par son père avec feu Anton Rupert, milliardaire sud-africain qui a combattu l'apartheid, actionnaire de référence du groupe Richemont (Cartier, Van Cleef & Arpels, Jaeger-LeCoultre...). « Notre stratégie dans le vin s'appuie sur une démarche avant tout patrimoniale même si nous partageons certains de nos investissements avec d'autres partenaires », explique Bertrand Otto[4]. Aujourd'hui, Rupert & Rothschild Vignerons produisent quelque 500 000 bouteilles à partir d'un domaine de 85 hectares situé à Stellenbosch, dans la région du Cap en Afrique du Sud. Alors qu'il se développe là-bas en tandem avec Johann Rupert, fils d'Anton, Benjamin de Rothschild a formé, en 1999, un autre duo avec Laurent Dassault, petit-fils de Serge Dassault et gérant de Château Dassault, grand cru classé de Saint-Émilion, pour produire du vin en Argentine. Les deux businessmen partagent ainsi une *bodega*, Flechas de Los Andes. Là, comme pour tous ses autres vignobles, Benjamin de Rothschild s'appuie depuis quelques années sur l'œnologue bordelais réputé Michel Rolland. Mais il ne manque pas de projets, qu'il s'agisse du lancement d'une marque de champagne ou de son association avec la famille espagnole Alvarez, propriétaire du prestigieux Vega Sicilia, avec laquelle il s'est associé pour racheter des terres en Rioja afin de coproduire un nouveau vin.

La marque Rothschild

Les professionnels du vin en conviennent : le seul fait d'apposer les cinq flèches, blason de la famille, permet de gagner quelques euros sur une bouteille. Dans le vin comme dans la banque, ce patronyme est une marque. Sa cote est inestimable. Autrement dit, si la fortune totale des Rothschild tourne aux alentours des 4 milliards d'euros, dont 800 millions pour l'activité vin, la valeur de leur nom n'est sans doute pas éloignée de celle d'un établissement tel que BNP-Paribas, soit 5,1 milliards d'euros dans le classement de la société Interbrand en 2006. Pour le banquier David de Rothschild, « quand vous êtes à la tête d'une entreprise qui porte votre nom, vous veillez à ce que la marque ne soit pas atteinte dans sa réputation[5]». Dans le vin, l'utilisation de la marque donne parfois lieu à des échanges aigres-doux entre certains membres de la famille. Benjamin de Rothschild s'est ainsi élevé contre le lancement, en 1995, par les Domaines Barons de Rothschild (DBR), d'un vin de négoce (Sélections Réserves et cuvées) orné des cinq flèches, symbole familial. « Rothschild, ce n'est pas seulement une marque, c'est un label. Il ne faut pas le galvauder », tranche Benjamin, actionnaire à hauteur de 8 % de DBR[4]. À la différence de Baron Philippe de Rothschild SA qui a développé une marque forte avec Mouton Cadet et un outil de production de distribution performant, DBR semble en effet partir avec un sérieux handicap. L'émergence d'une nouvelle marque de négoce constitue, en outre, une concurrence supplémentaire pour celles commercialisées par Philippine de Rothschild. « Avant de me lancer, j'en ai parlé avec Philippine », assure Éric de Rothschild[4]. « Éric est libre de faire ce qu'il veut ! Il ne m'a jamais demandé mon feu vert ! De toute façon, avant que ses marques atteignent la notoriété de Mouton Cadet, nous ne serons plus là depuis longtemps ! » ironise Philippine[4].

Pleinement conscients de la valeur de marque que représente leur patronyme, ses usufruitiers ont appris à en verrouiller l'accès. Aucune affaire ne peut, en effet, porter le nom de Rothschild si l'actionnaire de référence n'en possède pas le contrôle effectif. « Il y a des valeurs qui font les Rothschild, et le nom en fait partie. Pour le protéger nous nous retrouverons toujours », explique Nadine de Rothschild[5]. Pour stopper l'utilisation abusive de leur patronyme, les Rothschild ont créé un comité de défense. « Depuis sa mise en place, les dossiers de contentieux se font plus rares, mais nous devons rester vigilants », observe Éric de Rothschild[4]. Cette instance qui se réunit deux fois par an a pour mission de poursuivre les usurpateurs et d'examiner les projets des membres de la famille. Pas question, par exemple, pour la reine du savoir-vivre de lancer son Académie Nadine de Rothschild – sa nouvelle école des bonnes manières ouverte en 2006 à Genève – sans avoir obtenu le feu vert du comité ! Dans le vin, l'affaire la plus importante reste l'utilisation du nom Alfred Rothschild par le groupe Marne & Champagne. Après des années de contentieux, un accord a finalement été conclu avec cette maison qui à été reprise en 2006 par le groupe Boizel, Chanoine, Champagne (BCC). Les Rothschild prélèvent un pourcentage sur chaque bouteille écoulée par l'une des marques les plus vendues en grande distribution.

Les générations montantes

Pas de libations exceptionnelles, pas de dégustation de cru centenaire et encore moins de discours fleuve pour fêter la petite révolution de cette fin du mois de mai 2004. Pourtant, ce conseil d'administration du premier cru classé de Pauillac, Château Lafite, n'est pas anodin. Les six Rothschild actionnaires, réunis au siège de la banque Rothschild & Cie, avenue Matignon, viennent de mettre fin à plus de cent trente ans de... misogynie ! Désormais, la gérance du célèbre domaine bordelais n'est plus réservée aux seuls héritiers mâles de la dynastie, fondée voilà plus de deux cent soixante ans par Mayer Amschel ! Certes, cette clause n'a plus aucune valeur juridique, et le vin a coulé à flots depuis le rachat de Lafite en 1868 par James de Rothschild. Aujourd'hui, Saskia de Rothschild, la fille d'Éric, de même que ses autres cousines peuvent revendiquer un jour la direction du domaine, à l'image de Philippine qui règne sur Mouton Rothschild depuis plus de vingt ans. Elle est la première à avoir enfreint la règle d'or qui voulait que la transmission de la gestion des affaires se fasse aux héritiers mâles. Des successeurs programmés, qui ont été, en outre, le fruit de nombreux mariages consanguins, en particulier entre membres de la troisième génération (quinze sur vingt et une unions) de la prestigieuse dynastie. Ces verrous d'un autre temps ont longtemps permis d'éviter l'éclatement du capital au profit de mains étrangères. Certes, à l'image de Julien et Philippe qui doivent prendre le relais de leur mère Philippine à la tête de Mouton Rothschild, les représentants de la génération montante affichent la même volonté que leurs aînés à défendre la devise familiale « unité, intégrité et activité ». Mais ce n'est pas tout. Pour le biographe Derek Wilson, « chaque Rothschild sent qu'il appartient à quelque chose d'important, qu'il trouve cet héritage exaltant ou ennuyeux ». Pourtant, face à des prédateurs qui n'hésiteront pas à faire monter les enchères pour récupérer les actifs bancaires ou mettre la main sur l'exceptionnel patrimoine viticole, les Rothschild d'aujourd'hui et de demain devront faire preuve d'une force morale et d'une solidarité sans la moindre faille pour faire durer le mythe.

1. *Le Guide Parker des vins de Bordeaux*, Robert Parker – Solar, 2005.
2. *Les Plus Grands Vins du monde*, Michel Bettane et Thierry Desseauve – Minerva, 2006.
3. *Les Rothschild*, Derek Wilson – Stock, 1989.
4. Entretien avec l'auteur pour *La Revue du vin de France*, juillet 2006.
5. Entretien avec l'auteur pour *Challenges* du 1er février 2007.
6. « Fortunes de France classement 2009 », *Challenges* n° 176 du 9 au 15 juillet 2009.

Les meilleurs vins du Domaine Joseph Drouin de ces trente dernières années

- Château Lafite Rothschild : 1945, 1953, 1959, 1961, 1982, 1986, 1990, 1996, 2000, 2003, 2004, 2005, 2006
- Château Mouton Rothschild : 1947, 1959, 1982, 1986, 1998, 2000, 2003, 2005

Lurton : quelle galaxie !

Dans le monde du vin, ce nom est un sésame. Pourtant, la famille Lurton reste méconnue du grand public. Même si l'amateur averti connaît certains de leurs nectars. Le connaisseur sait ainsi que le superbe climens 2007 tient tête à l'yquem du même millésime. Il reconnaît l'élégance racée d'un brane-cantenac 2003, deuxième cru classé de Margaux, et apprécie la longueur en bouche d'un lalouvière 2005, grand cru classé de Graves. En revanche, il ignore que la dynastie Lurton, c'est déjà plus d'un siècle d'histoire et un patrimoine total de vingt-cinq châteaux, dont plusieurs crus classés bordelais, 1 200 hectares de vignes en Bordelais et dans le Languedoc, des domaines en Argentine, au Chili, en Espagne, au Portugal et même en Australie.

Certes, tout cela n'est pas la propriété d'un seul homme. À l'image des Rothschild, les Lurton ne font pas cave commune. Autant d'étiquettes, autant de prénoms, autant de Lurton, peut-on dire. Faire le tour des propriétaires relève à l'évidence d'un voyage à la Jules Verne. Surtout pour celui qui souhaite goûter sur place le dufort-vivens, deuxième grand cru classé de Margaux, de Gonzague Lurton, s'envoler ensuite vers le Chili pour découvrir le très séduisant cépage carmenère de François Lurton, puis repartir pour l'île de Kangourou, à 200 kilomètres au sud d'Adélaïde, en Australie, afin de déguster le sauvignon blanc du domaine de Jacques Lurton.

Quatre à la deuxième génération, vingt-quatre à la troisième et plus du double à la quatrième... pas facile de s'y retrouver dans cette dynastie tentaculaire ! Des présentations s'imposent donc. L'essentiel du patrimoine viticole est aujourd'hui détenu, de manière indépendante, par deux des quatre branches de la deuxième génération : celle d'André Lurton (84 ans), fondée à partir de Château Bonnet, le berceau viticole du « clan » Lurton, et celle de Lucien Lurton (83 ans), qui a démarré par le rachat de Brane-Cantenac. Le troisième pilier autour de Dominique est aussi dans le vin, mais plus modestement, au travers de ses quatre fils, dont Pierre, le plus médiatique des Lurton. À 53 ans, ce Bordelais « pur tanin » est surtout connu pour gérer avec brio le Château d'Yquem, détenu par Bernard Arnault, patron de LVMH, et Château Cheval Blanc, codétenu par le même Arnault et le *self-made man* belge Albert Frère. Famille très imprégnée par les valeurs du catholicisme, très pratiquante même pour certains de ses membres, les Lurton entrent dans la catégorie des dynasties discrètes et secrètes[1]. Avec eux, pas besoin de se plonger dans un roman de François Mauriac. On y est déjà !

Léonce Récapet, le fondateur de la dynastie

Comme toutes les grandes lignées viticoles, les Lurton ont leur fondateur, leur figure emblématique, un certain Léonce Récapet. Descendant d'une famille de bouilleurs de crus à Branne, un village de l'Entre-Deux-Mers, cet autodidacte né au milieu du XIXe siècle ne se contente pas de reprendre la petite affaire de ses parents. Doté d'un grand sens de ce que l'on appelle aujourd'hui le « marketing », il la transforme en une fabrique reconnue de liqueurs, notamment anisées. En 1897, il rachète Château Bonnet. « Toute ma vie, j'ai vécu dans la même piaule, à part les deux ans que j'ai passés dans la première armée », raconte son petit-fils André Lurton, tandis que nous traversons le paisible jardin d'hiver construit à l'intérieur du château. Fort de son succès dans la liqueur, Récapet constitue un deuxième pilier viticole dans le Nord-Médoc avec la reprise en 1922 de Brane-Cantenac (Margaux). Son fils André Récapet meurt à Verdun en 1916, et sa fille Denise décède dix-huit ans plus tard. Lorsque Léonce Récapet disparaît en 1943, c'est donc son gendre François Lurton, veuf de sa fille Denise, qui reprend la direction des affaires viticoles. Mais ce fermier, petit-fils d'artisan berrichon dévot, n'est pas vraiment vigneron dans l'âme, et les propriétés s'en portent d'autant plus mal que François Lurton n'a pas le flair viticole.

Château Margaux... Ah ! si seulement

André Lurton n'est pas du genre à se lamenter sur le passé. Pourtant, lorsqu'il évoque l'affaire du Château Margaux, cet entrepreneur dans l'âme reconnaît que son père François a peut-être laissé passer la chance de sa vie. Même si sur le site officiel de Château Margaux le nom des Lurton n'est pas mentionné, la famille a bien failli en devenir propriétaire. Tout commence au début des années 1930. À l'époque, Léonce Récapet, grand-père d'André Lurton, devient actionnaire à 40 % de Margaux aux côtés de M. Boylandry, maire de Saigon, planteur d'hévéas et importateur de vins, qui en détient 45 %, tandis que le solde (15 %) est détenu par quelques personnes, dont le puissant négociant Fernand Ginestet. Selon André Lurton, la veuve de Boylandry a rendu visite à François Lurton pour lui proposer de racheter ses 45 %, lui permettant ainsi de prendre le contrôle de Château Margaux : « Je la revois dans le bureau de mon père. Une belle et intelligente jeune femme. Mais sous l'influence, à mon avis très néfaste, de son conseil Édouard Féret, descendant du fondateur de la maison d'édition, mon père a décliné l'offre. » Avec le recul, André Lurton comprend la décision de son père : « Margaux était juste à l'équilibre. Nous sortions de la guerre, les affaires étaient difficiles. » Du coup, la veuve Boylandry s'est retournée vers les Ginestet qui lui ont repris ses parts. Dans la foulée, François Lurton leur a cédé ses 40 % de Margaux en échange de Clos Fourtet, un premier grand cru de Saint-Émilion. « Était-il irréparable d'accepter la proposition de Fernand Ginestet, nul ne pouvait le savoir », relativise aujourd'hui André Lurton[2]. Un domaine revendu soixante ans plus tard à Philippe Cuvelier, ex-actionnaire de la société Guilbert. « Nous avons été très heureux à Clos Fourtet », se souvient-il. Fin connaisseur des terroirs de Margaux, son frère Lucien Lurton doit quand même avoir parfois un petit pincement au cœur lorsqu'il passe devant Château Margaux. Et se dire : « C'était là, à portée de main ! »

L'héritage de Léonce Récapet

« Nous avons dû attendre que mon frère Dominique ait 21 ans, l'âge de la majorité à l'époque, pour hériter de Léonce Récapet et de ma mère Denise », précise André Lurton[2].

Mais attention, les quatre héritiers – André, Lucien, Simone et Dominique n'ont pas –, loin s'en faut, tous la même passion pour le vin Le Clos Fourtet (aujourd'hui revendu) est alors partagé en quatre parts égales.

De son côté, Simone, surnommée « Monette », reçoit un lot de vignes et de terres agricoles. Mais elle délaisse la vigne pour les vaches et les verts pâturages. Dominique, lui, hérite de Château Reynier. Connu pour être bon vivant et très bon cavalier, il se contente de gérer avec sérieux Château Reynier, mais sans plus. André et Lucien sont, en revanche, impatients de faire fructifier le patrimoine viticole constitué par Récapet ! Lucien, récupère Brane-Cantenac, André, l'aîné, reprend, lui, Château Bonnet.

De retour chez eux, André et Lucien réalisent l'immense tâche qui les attend. À Brane-Cantenac, Lucien Lurton, qui a fait l'école d'ingénieur de Purpan, se retrouve à la tête d'un domaine administré jusque-là par le beau-frère de leur père François, un ex-administrateur des colonies. « Ce type n'était pas viticulteur, et cela se voyait dans la vigne comme dans les chais ! » se souvient son frère André, qui dit avoir appris le métier sur le tas avec son grand-père et son père. « Je n'étais pas très doué pour les études », avoue-t-il.

André « l'expansif » et Lucien le « taiseux » : deux bâtisseurs du vin

Frères ennemis, André et Lucien Lurton ? « Non, ils ne sont pas fâchés. Simplement, ils ne se fréquentent presque plus, c'est tout », lâche Jacques, fils d'André. Orphelin de leur mère à 10 et 9 ans, André et Lucien ont tenté de travailler ensemble. Très vite pourtant, les chamailleries de jeunesse se sont transformées en rivalité professionnelle. André « l'expansif » et Lucien le « taiseux », ont une vision de la vie et du vin radicalement opposée. À l'évidence, les deux frères n'évoluent pas sur la même planète ! D'un côté, Lucien le solitaire, de l'autre, André, en quête perpétuelle de reconnaissance sociale. Difficile de décrire Lucien qui n'a pas souhaité nous rencontrer. À l'inverse d'André, qui nous avait ouvert ses portes sans hésiter. Mais tous les témoignages concordent. « Le côté *show-man* d'André a toujours agacé Lucien, c'est sûr », nous ont confirmé plusieurs de leurs enfants. Catholique pratiquant, Lucien vouvoie sa progéniture et leur a inculqué une éducation très stricte. « Cela crée une distance sans doute, en même temps, notre père a toujours été là quand nous avions besoin de lui », précise son fils Denis, qui comme ses frères et sœurs a appris à lire et à écrire avec sa mère, avant d'intégrer Tivoli, l'institution bordelaise longtemps tenue par un membre du clan Lurton. Moins pointilleux sur la pratique religieuse et plus direct dans sa relation avec ses enfants, André était « toujours à droite ou à gauche », dit l'un de ses fils. « Du coup, il a finalement été peu présent lorsque nous étions enfants. » À 19 ans, Lucien part avec un sac à dos faire le tour de l'Amérique latine. Un voyage qu'il refera en 1993, juste après avoir réglé sa succession. « Et il couchait volontairement dans des hôtels minables. Mon oncle est un homme simple ! » observe Jacques Lurton. André s'engage en 1944 dans la 1re armée. « La guerre durcit le caractère », constate-t-il, content de nous dévoiler sa collection de véhicules militaires – dont un char d'assaut – dispersée parmi une petite centaine de voitures anciennes. Alors qu'André a choisi de fréquenter le monde, Lucien a tout fait pour l'éviter. « Dans son bureau à Brane-Cantenac, il y avait une porte dérobée derrière une fausse bibliothèque. Lorsque mon père voyait se pointer dans la cour un type qu'il ne voulait pas voir, il s'éclipsait par cette porte », se souvient Brigitte, sa fille. Aujourd'hui, Lucien reste à l'écart de la vie publique, réfugié à Brane-Cantenac, avec pour principale lecture les cartes géologiques. Toujours à la tête de son entreprise, André, syndicaliste viticole et maire de Grézillac depuis plus de quarante ans, est fier de ses engagements et de ses vingt-trois ans de lutte acharnée pour obtenir, en 1987, la création de l'AOC Pessac-Léognan.

« La divergence d'approche de la vie se retrouve dans la manière dont ils ont développé leurs affaires viticoles », observe Thierry, fils de Lucien. Même si les deux frères ont hérité du côté Géo Trouvetou de leur grand-père Récapet. « Lucien comme André ont énormément innové, qu'il s'agisse du matériel pour la vigne ou pour la vinification », souligne le fils d'André, François (junior).

Le terrible hiver 1956

À l'évidence, le premier exploit de Lucien et d'André, aussi bosseurs l'un que l'autre, est d'avoir survécu dans une conjoncture économique et viticole particulièrement difficile, marquée par le gel séculaire de 1956 qui a poussé nombre de vignerons à la faillite.
Dans ce contexte très hostile, Lucien qui bénéficie de l'appellation Margaux et du classement de Brane-Cantenac s'en sort un peu moins mal qu'André qui éprouve les plus grandes difficultés à vendre son vin de table. « Il fallait que je trouve quelque chose pour bouffer », se souvient ce dernier. Après avoir loué des terres pour produire des céréales et de la luzerne, il lance une activité de déshydratation de fourrage. Grâce à ce business qui s'avère fort lucratif, André Lurton va financer dix ans durant le réencépagement et l'extension de Château Bonnet, qui passe de 50 à 250 hectares en pleine propriété. Tandis qu'André s'affirme comme le roi de l'Entre-Deux-Mers et de son cépage phare, le sauvignon blanc, Lucien améliore, lui, considérablement la qualité des vins produits à Brane-Cantenac comme la profitabilité du domaine. Mais les deux frères ne se contentent pas de rester vissés à leurs ceps. Avec la crise, nombre de domaines sont à vendre. Ils en profitent pour faire leur marché ! Le rachat de Château Durfort-Vivens en 1962 permet à Lucien de se renforcer à Margaux. Puis viennent Château Bouscaut, Desmirail et consort. Mais c'est au début des années 1970 qu'il réussit sans doute son plus beau coup, avec le rachat de Château Climens. Profitant du marasme des vins liquoreux, Lucien s'offre pour un prix ridiculement bas – même à l'époque – un cru prestigieux, qui s'avérera par la suite très rentable. Certes, plaident ses enfants, pour s'acheter ces prestigieuses étiquettes il doit s'endetter. Mais si Lucien achète en partie à crédit, il se concentre sur des terroirs reconnus, des étiquettes dans des appellations prestigieuses.

Les paris d'André Lurton

André prend des paris encore plus risqués que son frère. Il s'endette jusqu'à la gueule pour ressusciter des domaines laissés à l'abandon dans des appellations en devenir (Pessac-Léognan), loin en outre de son Entre-Deux-Mers natal. « Lorsque j'ai visité La Louvière pour la première fois, j'ai eu le coup foudre. Je n'ai pas pu résister, le terroir était là aussi, mais en devenir », se souvient-il. La demeure est dans un état pitoyable, les vignes sinistrées, les chais vétustes : cette propriété rachetée par André n'est pas une folie mais un gouffre. Boulimique – et alors même que La Louvière pèse encore lourd dans les comptes –, André Lurton enchaîne huit ans plus tard avec le rachat de Château de Cruzeau puis de Château de Rochemorin, deux anciennes propriétés viticoles qui n'avaient plus un pied de vigne ! Là encore, entre le déboisage, la reconstitution d'un vignoble et la construction de nouveaux chais, l'addition est lourde. Mais dans le même temps, il met en place un outil de production intégré. Du greffage des pieds de vignes en passant par le camion mobile pour l'embouteillage et la maintenance des tracteurs, tout est fait maison. « Comme le disait le grand-père Récapet, ce que l'on fait soi-même, c'est avec ça qu'on se gagne ses 30 % », se souvient André Lurton, qui vend, en outre, ses vins à travers son propre système de distribution.

Aujourd'hui moins endettés, les Vignobles André Lurton détiennent plus de 500 hectares de vignes répartis sur dix châteaux, écoulent 4 millions de bouteilles et réalisent un chiffre d'affaires d'une vingtaine de millions d'euros. Sans oublier la gestion de Château Dauzac, propriété de la MAIF (Mutuelle d'assurances des instituteurs de France), présidée par Christine Lurton, la deuxième fille d'André. Sans être uniques en leur genre, les Vignobles André Lurton ont l'avantage d'être une société intégrée, ce qui permet de faire des économies d'échelle.

André et Lucien : deux conceptions de l'héritage

À 84 ans, André Lurton rechigne à passer le relais à la génération suivante. Au grand dam de ses neuf enfants, surtout de Jacques, qui après quelques mois à la tête de l'entreprise familiale a jeté le gant, fin 2006, dégoûté par le caractère tyrannique d'un père incapable de lâcher les rênes. Ce comportement considéré par ses propres enfants comme autocratique avait déjà poussé Jacques et son frère François (junior) à fonder, dès 1988, leur propre société de négoce, faisant de leur nom un label quasi planétaire.

Mais, il faut le reconnaître, cette entreprise n'est pas cessible par morceaux, ce qui complique la succession. Pour ne rien arranger, André Lurton vient d'embaucher un nouveau directeur général, Pascal Lefaucheur, faisant ainsi de la résistance face à des enfants décidés à le pousser vers la sortie. « Il faut comprendre André Lurton. Pour lui, partir c'est mourir », plaide une proche.

Aujourd'hui, la situation paraît bloquée, et beaucoup se demandent si l'entreprise pourra y survivre. « Il n'est jamais trop tard pour éviter un gâchis monumental », observe un membre de la famille connu pour son indépendance d'esprit mais qui ne souhaite « surtout pas s'en mêler ! ». André Lurton, lui, estime qu'il n'est pas « fâché avec ses enfants[2] » et restait, jusqu'à une période récente, campé sur ses positions : « J'ai un exemple de qualité, mon grand-père Léonce Récapet qui à 84 ans faisait encore fonctionner ses domaines [...] Or, j'ai la santé et la volonté de perpétuer ce que j'ai bâti à la force du poignet. »

Si la question de la succession pollue les relations d'André avec ses enfants, ce n'est pas le cas pour Lucien, qui a réglé cette question il y a dix-sept ans déjà. Lors d'une réunion de famille qui a marqué à jamais ses dix enfants, Lucien leur a légué ses onze châteaux. « Avant, notre père nous avait demandé ce que nous souhaiterions recevoir en priorité », raconte Gonzague Lurton qui a hérité de Château Durfort-Vivens[1]. Ensuite, « il a fallu faire des lots de valeur équivalente ». Bien sûr, ce partage a fait grincer quelques dents. « Les crus classés de Margaux sont allés aux garçons, car les filles, ça perd le nom », observe l'un des enfants de Lucien. Soucieux d'assurer la transmission du patrimoine à ses petits-enfants, le patriarche a pris soin de verrouiller le système. Il a ainsi conservé l'usufruit sur la quasi-totalité des propriétés léguées et mis en place un mécanisme de préemption qui empêche ses héritiers de vendre à l'extérieur de la famille. Du coup, quand sa fille Brigitte a décidé de sortir de Château Climens, après plusieurs années de bagarre avec sa sœur Bérénice, elle n'a pas eu d'autre choix que de vendre ses parts à certains de ses frères et sœurs. De même, lorsqu'en 2006 Bérénice a dû se séparer de Château Camarsac, trop lourd à porter, c'est son frère Thierry qui le lui a racheté, vendant du coup sa participation dans Brane-Cantenac. Mais le système n'est pas parfait. Confronté à de sérieuses difficultés, un autre fils de Lucien, Louis, propriétaire de Château Haut-Nouchet, un domaine exploité en « bio », a fini par vendre en dehors de la famille et contre l'avis de son père qui s'était battu pour le tirer des griffes d'un promoteur immobilier. « Dans ce cas précis, notre père n'avait aucune prise juridique pour s'y opposer », précise l'un des enfants de Lucien.

Les Lurton : une dynastie qui a de l'avenir

André et Lucien Lurton n'ont pas seulement construit des empires viticoles. Aujourd'hui, les Lurton constituent une véritable galaxie. Difficile pour qui sillonne l'Entre-Deux-Mers, les Graves, Saint-Émilion ou le Médoc de ne pas en avoir croisé un ou une dans sa vie. Depuis qu'il a repris les rênes de Brane-Cantenac, Henri Lurton s'affirme comme l'un des plus brillants vignerons de Margaux tandis que Gonzague Lurton (Durfort-Vivens) se bat pour imposer ses vins, fondés sur une recherche de l'élégance. Le timide Denis Lurton, qui rêvait de devenir acteur, bataille aujourd'hui pour améliorer la reconnaissance de Desmirail, un domaine reconstitué de toutes pièces par son père Lucien. Après avoir envisagé d'être prêtre à 12 ans, Thierry Lurton, devenu éducateur à Bordeaux avant de s'installer dans les *favelas* de São Polo, s'est établi à Camarsac, une propriété de 67 hectares, dominée par une forteresse médiévale qu'il s'efforce de redresser. Mais les filles de Lucien n'ont pas à rougir ! La cadette, Bérénice Lurton, a su hisser au sommet de son potentiel Château Climens, connu pour produire l'un des sauternes les plus fins et les plus complexes. L'infatigable et très professionnelle Marie-Laure Lurton, propriétaire de crus moins prestigieux – Villegorge (Haut-Médoc), Duplessis en Moulis et La Tour de Bessan en Margaux – tente de tirer le maximum de ses terroirs. Tandis que Sophie et son mari Laurent Cogombles (Château Bourscaut) vinifient des vins qui ont gagné en souplesse. Sans oublier, bien sûr, Marc Lurton à la tête de Château Reynier, et Pierre Lurton, qui sait utiliser sa position à la tête de Château Cheval Blanc et de Château d'Yquem pour pousser son Château Marjosse.

Du côté d'André, sa fille Christine Lurton-De Caix est présidente de Château Dauzac, propriété de la MAIF. Jacques et François (junior), les fils d'André, ont dénoué en 2006 l'association qui leur a permis de bâtir une entreprise viticole d'envergure internationale. « Lorsque nous sommes arrivés à Mendoza, en 1996, nous étions les seuls Français ! » se souvient Jacques, vigneron exigeant et chaleureux qui dispose désormais de plus de temps pour se consacrer à son activité de consultant et à son vignoble australien acquis à titre personnel. « Toujours entre deux avions, je n'en pouvais plus de ce rythme de fou ! » avoue-t-il. Pilotée désormais par le seul François Lurton, insatiable bâtisseur, cette société est présente dans cinq pays, écoule plus de 6 millions de bouteilles et pèse aujourd'hui près de 25 millions d'euros. En dix-huit ans de travail commun, les deux frangins ont fait de leur patronyme, sans forcément le vouloir au départ, une marque mondiale de vins bien faits à prix serrés (entre 5 et 10 euros).

Mais au-delà du nom, la famille Lurton a-t-elle une approche commune de la vie ? Selon François, si vous croisiez Henri, Gonzague et Sophie dans la même pièce, vous ne pourriez pas deviner qu'ils sont frères et sœurs. Quoi de commun entre les vins de négoce de François Lurton et le brane-cantenac de son cousin Henri ? « Nous ne vendons pas les mêmes vins dans les mêmes gammes de prix, c'est sûr. Mais cela n'empêche pas d'être intelligent ! » fait remarquer Marie-Laure, fille de Lucien, favorable à plus de coopération entre les membres de la dynastie[1]. Pourtant, il suffit d'entendre les uns et les autres évoquer les réunions de famille à Château Bonnet pour comprendre la force des liens qui les unissent. « Il y avait les enfants d'André qui se hurlaient dessus sans jamais vraiment se fâcher, ceux de Dominique qui se marraient bien et puis, nous, les "Lucien", plus effacés, qui les regardions, ébahis par leur audace et leur liberté de ton », raconte l'un des enfants de Lucien Lurton, encore marqué par les règles de vie très stricte imposées par son paternel. Mais le vrai ciment familial reste, selon eux, l'humour Lurton, un curieux mélange de provocation et de calembours faciles. À l'image de la réplique de Pierre Lurton à Albert Frère qui lui demandait de vendre en primeur le cheval-blanc au même prix que l'ausone. « Mais Albert, c'est impossible de toucher à la couche d'ozone ! » lui répondit alors Pierre Lurton. « Vous me faites ch..., Pierre, avec votre humour à la noix », répliqua Frère. Un humour parfois décalé, qu'ils n'hésitent pas à utiliser comme arme, en particulier lors de leurs échanges musclés avec le critique Robert Parker, très sévère avec le vin de Gonzague Lurton (fils de Lucien) et de Sophie Lurton-

Cogombles, propriétaire de Château Bouscaut. Lors de la sortie de son 1999, Sophie Lurton n'avait ainsi pas hésité à lancer une campagne publicitaire courageuse vis-à-vis du gourou de la dégustation, aussi vénéré que craint à Bordeaux. « Château Bouscaut vous annonce la note Parker de son millésime 1999 : 79-82[3] », pouvait-on lire sur le communiqué agrémenté d'un dessin à la Sempé montrant un client chez un caviste. « [...] Un bon vin de terroir... Beaucoup de typicité [...] Pas d'hésitation, une mauvaise note Parker ! »

Prêts à jouer la carte de la « pipolisation » pour promouvoir leurs vins, les Lurton se dressent facilement sur leurs ergots lorsque les médias évoquent leurs petits secrets de famille. François et Pierre peuvent ainsi se congratuler mutuellement sous les yeux de l'actrice Carole Bouquet dans « Zone interdite » sur M6[4]. Mais pas question d'évoquer les tensions entre André Lurton et ses enfants autour de sa succession ou de la bagarre entre Bérénice et sa sœur Brigitte pour le contrôle de Château Climens, au début des années 1990.

Seraient-ils un brin susceptibles ces Lurton ? « Non, ils ont l'esprit de famille. Si l'un des leurs est mis en cause par une personne de l'extérieur, le clan fait bloc », observe un Bordelais. Face à la mondialisation du vin, certains Lurton ont pris, en outre, conscience du potentiel commercial de leur patronyme. Cet esprit d'initiative réjouirait, sans nul doute, leur ancêtre Léonce Récapet.

1. « Famille Lurton. Saga d'une dynastie bordelaise », *La Revue du vin de France*, n° 523 juillet-août 2008.
2. Lettre d'André Lurton à la suite d'un article de l'auteur sur la famille, paru dans *La Revue du vin de France* de juillet-août 2008.
3. Une piètre note sur l'échelle Parker.
4. « Les dynasties du vin, les nouveaux héritiers », Zone interdite, 20 août 2008.

Les meilleurs vins de la galaxie Lurton de ces trente dernières années

- Château Climens : 1983, 1986, 1988, 1990, 1997, 2001, 2003, 2005, 2006, 2007.
- Château Brane-Cantenac : 2000, 2003, 2004, 2005, 2006, 2008.
- Château La Louvière (blanc) : 1993, 1994, 2003, 2004, 2007.
- Château La Louvière (rouge) : 1990, 2000.
- Château Couhins-Lurton (blanc) : 1993, 1994, 1998, 2001, 2005.
- Château Bouscaut : 2005.
- Château Durfort-Vivens : 2000, 2003, 2005

Mellot : cousins, cousines...

« Alors, vous en faites des bouteilles en plastique ? » s'amuse dans un français impeccable Berd Kreist, meilleur sommelier d'Europe en 1992 en visite avec un groupe de vignerons allemands dans les caves d'Alphonse Mellot à Sancerre. Éclat de rire général. Pour Alphonse, 60 ans, tempes grisonnantes, séducteur incorrigible, et son fils Alphonse junior, petite quarantaine, adepte de la biodynamie, des vins bio et – comme son père – de l'excellence, cette question est une joyeuse plaisanterie. Pour ne pas dire une insulte ! Dans les caves d'Alphonse Mellot, situées à deux pas de la place principale de la charmante petite commune de Sancerre-en-Berry qui domine la vallée et les vignes à perte de vue, on fait du grand vin. Le domaine Alphonse Mellot – et ses très appréciées cuvées La Moussière, Edmond ou Génération XIX, vendues de 15 à 60 euros la bouteille – apparaît dans le classement des 100 meilleurs vins du monde[1]. « Les sancerres blancs d'Alphonse Mellot font partie des plus brillantes et surtout des plus pures illustrations de génie du cépage sauvignon. Les 2000, 2001 et 2002 des cuvées Génération et Edmond illustrent avec un éclat brillantissime cette maîtrise... » Alors qu'il est considéré comme un « domaine de très grande qualité » dans le *Guide des meilleurs vins de France 2008*[2] publié par *La Revue du vin de France* : « Alphonse Mellot junior a mis les bouchées doubles côté vignes et hissé, avec une excellente équipe, La Moussière dans l'élite de la viticulture mondiale. Culture totale, rendements *a minima*, maturité optimale : ses cuvées de sauvignon acquièrent une précision rare, et les progrès des rouges sont impressionnants. » En juin 2008, Alphonse Mellot figurait aussi dans la liste des meilleurs vins de Loire de la prestigieuse revue américaine *Wine Spectator*, avec la note de 93 sur 100.

Avec ses 47 hectares de vignes, la production de la maison a été volontairement réduite au fil du temps à 300 000 bouteilles par an. Sur les 3,5 millions d'euros de chiffres d'affaires avec 36 salariés, Alphonse Mellot exporte 65 % et ne produit que des sancerres. Recherche de qualité, maîtrise des rendements, vins bio... Alphonse senior et Alphonse junior qui a pris le relais de son père partagent une philosophie tout élitiste du vin, pour le plus grand plaisir du palais. Prénommés Alphonse de père en fils aîné depuis cinq générations, les Mellot revendiquent plus de cinq siècles d'histoire dans le vin... pas moins de dix-neuf générations à Sancerre.

Mais un Mellot peut en cacher un autre... À quelques mètres de là, au 16 de la Nouvelle-Place de Sancerre, un restaurant bien nommé l'*Auberge Joseph Mellot* rappelle aux visiteurs et aux touristes qu'il y a d'autres membres de la famille à Sancerre. Ici, pas question de déguster les nectars d'Alphonse Mellot, mais les vins des heureux propriétaires de la maison Joseph Mellot, qui se prévalent de la même lignée née en 1513. Et pour cause, les deux branches Mellot sont cousines, mais s'ignorent.

Certes, les « Alphonse » et les « Joseph » portent le même nom. Mais ils ne jouent pas dans la même ligue viticole.

À la tête des vignobles Joseph Mellot, une femme, Catherine Corbeau-Mellot, businesswoman, la quarantaine dynamique, a pris les rênes de l'entreprise familiale après le décès prématuré de son époux Alexandre Mellot, en 2005, des suites de maladie. Son credo ? Faire des vins « plaisir » à des prix raisonnables – de 5 à 15 euros la bouteille. À l'opposé de celle des « Alphonse », cette stratégie s'est avérée aussi très payante et lui vaut d'être citée régulièrement dans les guides les plus établis. Son pouilly-fumé Le Troncsec 2006 a ainsi reçu 2 étoiles dans *Le Guide Hachette des vins 2008*. « Les notes minérales du terroir se mêlent aux nuances végétales du cépage, les arômes fruités côtoient les senteurs florales. Sucrosité et vivacité se fondent pour donner à l'ensemble élégance et puissance » juge-t-il. Alors que le Gault et Millau 2006 donnait 3 étoiles à son sancerre blanc La Chatellenie.

Avec un chiffre d'affaires de 9,3 millions d'euros, dont la moitié à l'étranger, 2 millions de bouteilles produites par an, « Joseph Mellot possède un vignoble et vinifie dans chacune des appellations de vins de Centre-Loire » – Sancerre, Menetou-Salon, Pouilly-Fumé, Pouilly-sur-Loire, Coteaux du Giennois – revendique Catherine Mellot.

Successions, bagarres, jalousies ou décès : il s'en est fallu de peu pour que l'entreprise Mellot, unique à l'origine, ne disparaisse. Mais soucieuses de préserver chacune leur part d'héritage, les deux branches de la famille ont préféré le divorce à la berrichonne pour faire cave à part. Chacun des Mellot a ainsi poursuivi son chemin sans se préoccuper de l'autre. Un seul, Alphonse, a gardé le blason de cette dynastie qui remonte au XVIe siècle. Mais contrairement à une légende tenace, les Mellot ne se prénomment pas tous Alphonse de père en fils depuis leurs débuts !

Conseiller de Louis XIV

Les représentants actuels de la famille l'admettent volontiers. Ils savent peu de chose sur Pierre Étienne Mellot, le fondateur de cette dynastie. Le nom de la famille apparaît pour la première fois en

1513 dans les archives de la commune de Sancerre. « À l'origine, ils exploitaient bien des vignes, mais pratiquaient comme beaucoup d'autres paysans de l'époque la polyculture », raconte Alphonse senior. En 1573, les Mellot apparaissent à nouveau dans des documents communaux officiels lors du siège de la ville – alors que les protestants s'étaient réfugiés à Sancerre – où cette famille catholique était implantée depuis longtemps. Elle brille par sa discrétion pendant plus d'un siècle. En réalité, le premier héros de la dynastie s'appelle César Mellot. Après s'être battu dans l'armée de Louis XIV, il est en effet choisi par le roi en 1698 pour le conseiller dans le choix de ses vins et se voit octroyer « des armes parlantes ». Certes, cette distinction n'équivaut pas à un titre nobiliaire, mais elle constitue un hommage officiel pour services rendus. « Sur le blason, les deux étoiles et le soleil évoquent Louis XIV, le melon se réfère au nom Mellot, et le croissant correspond au connétable de Sancerre. Au-dessus, le heaume de profil prouve qu'il a guerroyé », commente Alphonse senior.

Alphonse est mon prénom !

Le deuxième personnage important de la famille s'appelle Alphonse. Le premier qui apparaît avec ce prénom dans l'histoire des Mellot ! Arrière-grand-père de notre Alphonse senior, né à la fin du XVIIIe siècle, il possédait des vignes et faisait du vin de Sancerre. Ce vigneron eut la bonne idée d'appeler aussi son fils Alphonse : c'était le grand-père d'Alphonse senior et de Marie-Josèphe Mellot-Bach, la fille de Joseph Mellot, l'autre branche de la famille. Aucun d'eux n'a connu le deuxième Alphonse. Mais celui-ci garde la réputation d'être le premier homme d'affaires de la famille. « Les Mellot ont le commerce dans les veines ! » s'enorgueillit Marie-Josèphe, mémoire de la famille, une ex-traductrice d'allemand, d'anglais et de russe, qui a repris en 1998 la vieille auberge de famille à Sancerre décorée de cuivres, avec une grande cheminée du XIXe siècle et des poutres apparentes. Businessman avisé, le grand-père flaire le potentiel viticole d'une région encore totalement méconnue par rapport aux autres grandes appellations. « Il devient alors marchand de vins, précise Alphonse senior. Ses vins sont les premiers à s'appeler de son nom : Alphonse Mellot. Il donne une impulsion, se fait connaître dans la région et crée l'auberge à Sancerre. » Dans cette auberge, acquise en 1882, le grand-père Alphonse propose d'abord un petit verre de vin – du sancerre, bien sûr ! – avec un fromage de chèvre – le fameux crottin de Chavignol, petite commune voisine située à 4 kilomètres de là. Il ouvre aussi l'établissement pour occuper son épouse, Julienne, surnommée « la mère Juju », qui ne s'ennuyait déjà pas avec ses trois enfants : Alphonse-Edmond, Joseph et Marcelle. C'est elle qui a eu l'idée de servir le pâté à l'auberge, « la terrine du vigneron », alors que les hommes tuaient le cochon à la cave. Plus tard, en 1946, alors que Josette, l'épouse de Joseph, reprendra l'auberge avec elle, la mère Juju servira « l'omelette au jambon de Sancerre fumé aux sarments de vigne » qui deviendra une appellation déposée. Pour vendre ses vins, le grand-père n'hésite pas à se rendre à Paris. « Au salon des arts ménagers de 1936, mon grand-père invitait les visiteurs à goûter nos vins », raconte Marie-Josèphe Mellot-Bach. C'est aussi en 1936 que le vin de Sancerre décroche son classement en appellation d'origine contrôlée. Après la mort d'Alphonse en 1946, ses fils Alphonse-Edmond et Joseph, qui ont tous deux fait la guerre et été faits prisonniers, se répartissent les tâches dans la maison.

Quand un Mellot débarque à Paris

Soucieux de fidéliser une clientèle parisienne, les Mellot décident d'ouvrir un café, au 22 avenue Rapp, dans le 7e arrondissement, à deux pas de la tour Eiffel. Alors âgé de 34 ans, Alphonse-Edmond monte à Paris vendre les vins de la maison et tenir le bar. Sorte de réplique de l'auberge montée en 1882 à Sancerre par ses parents Alphonse et Julienne, ce nouveau bistrot s'appelle tout naturellement *Le Sancerre*, et est inauguré par le prince des gastronomes, le critique et humoriste Curnonsky, un jour de 1946... très arrosé. Marcelle, la sœur, travaille elle aussi à Paris comme secrétaire et comptable d'Alphonse-Edmond. Tandis que Joseph, le cadet, reste à Sancerre pour s'occuper du vin et des vignobles et que son épouse Josette tient l'auberge héritée de leur père par les trois Mellot. « À l'époque, mon père a fait du "Sancerre" de Paris un lieu de rencontres de journalistes gastronomiques et d'artistes. Sur le livre d'or, on peut lire les noms de Jean Cocteau, Édith Piaf ou Jean Marais », raconte Alphonse senior, né dans la capitale en 1947. « Mon oncle Edmond a contribué à faire connaître Sancerre à Paris, il a même créé la confrérie des Chevaliers de Sancerre, avenue Rapp. Il nous amenait à l'auberge des personnages célèbres, des gens de l'ORTF, alors située rue de Grenelle, comme Léon Zitrone ou Raymond Souplex », ajoute aussi Marie-Jo. Grâce à Félix Leclerc, dont il était proche, Alphonse Edmond vend son sancerre au Canada. « Nous avions alors un stand à la Halle aux vins de Bercy. Petite fille, j'accompagnais mon père le jeudi pour les livraisons après être allés avenue Rapp », se souvient-elle comme des belles années. En 1960, les Mellot ouvrent aussi un magasin de vente de leurs vins à Sancerre, La Vigne et le Vin, dont s'occupe toujours Josette (madame Joseph Mellot), à 83 ans. Mais, au bout de quelques années, la belle histoire de famille tourne au vinaigre.

Divorce à la berrichonne

Depuis la mort de leur mère Julienne, en 1962, les deux frères semblaient travailler en bonne harmonie, même si l'affaire était en indivision. Mais en 1969, Alphonse-Edmond exige de son frère Joseph le partage des biens et la séparation des affaires en deux. Très vite, les choses s'enveniment entre ces deux Berrichons aux tempéraments si différents. Selon Alphonse senior, ils ne s'entendaient pas vraiment et avaient peu d'affinités. Joseph, le cadet, « était un homme convivial et sympathique », nous dit sa fille Marie-Josèphe. Vigneron pur sucre et modeste, il avait fait le choix de mener une existence paisible à Sancerre. Homme de caractère, commerçant et très ambitieux, Alphonse-Edmond, l'aîné, ne tenait pas en place. Dans tous les sens du terme ! « Mon oncle était aussi un grand dragueur comme son fils », plaisante Marie-Jo. D'ailleurs, il avait vite divorcé de sa première épouse, la belle Irène (mère d'Alphonse senior), pour se remarier avec Simone — disparue en 2009 —, celle qui a élevé Alphonse senior, et tenait alors le bar parisien.

Alphonse-Edmond n'en démord pas. Il veut récupérer les vignes, en particulier La Moussière, le joyau de la propriété, pour les transmettre à son fils Alphonse senior. Mais pour Joseph, cet oukase est inacceptable. « C'est mon père Joseph qui avait planté La Moussière, et c'est Alphonse qui l'a récupérée », insiste Marie-Josèphe. « Mon père avait acheté des vignes à titre personnel, il avait beaucoup étendu le vignoble », rétorque Alphonse senior. Finalement, Joseph finit par plier. Il reçoit la partie historique de l'héritage : quelques vignes, la moitié de la cave et, comme il le souhaitait, l'auberge, le magasin et une maison. Alors que leur sœur Marcelle hérite, elle, des maisons de famille. Alphonse-Edmond met donc la main sur La Moussière et l'autre moitié de la cave.

Alphonse senior, un sacré garnement !

Son fils unique, Alphonse (quatrième du nom) senior, revient alors à Sancerre, le village de son enfance. Très indiscipliné, il s'était retrouvé pensionnaire dès 11 ans au collège de Juilly, fondé par les pères de l'Oratoire de France, en région parisienne. Viré après avoir fait les quatre cents coups, il avait ensuite été envoyé au collège de Bois-le-Roi, alors en pleine campagne. Après une scolarité chaotique, le jeune chien fou est inscrit, à 17 ans, dans une école d'agriculture de Clermont-Ferrand. Il apprend à déguster lors d'un séjour à Beaune et finit par rejoindre son père au domaine de La Moussière. Il a 20 ans. Ses relations et celles de son père Alphonse-Edmond avec Joseph se tendent encore plus. Et pour cause ! Non contents d'avoir récupéré La Moussière, Alphonse-Edmond et son fils revendiquent l'exclusivité du blason familial qu'ils souhaitent mettre sur les étiquettes de leurs vins. Pour couronner le tout, le duo demande, en outre, à Joseph de changer le nom de l'auberge qui s'appelait alors *Auberge Alphonse Mellot*. « C'était pour ne pas confondre », plaide Alphonse senior. L'affaire se règle, semble-t-il, par lettres d'avocats interposées. Joseph finit par céder et la rebaptise *Auberge Joseph Mellot*. « Mon mari était très conciliant. Il a préféré laisser le nom à son frère car il ne voulait pas d'histoire, c'était l'aîné. Et puis Alphonse avait le nom », se souvient Josette, alors qu'elle sert un couple de Danois venus acheter du rouge et du rosé dans son magasin. « On a peiné un peu plus, mais on y est arrivés. Le soleil brille pour tout le monde », relativise la vieille dame qui en a vu d'autres.

De tout cela, Alphonse senior s'en moque. À 23 ans, Alphonse... fonce. Il livre ses vins lui-même en camion de 38 tonnes dans les brasseries parisiennes. Surtout, le dilettante se met à travailler et passe le diplôme universitaire du vin de Dijon. Son professeur, Philippe Trinquet – dont une rue porte le nom à Beaune – lui apprend la dégustation. « Ma passion, c'est la vie, avoue Alphonse senior. À l'époque, je vivais comme un petit c..., je roulais en Jaguar, j'allais à Avoriaz. Mon idée, c'était de devenir le plus gros de mon appellation, de faire progresser l'affaire. » Pendant plus de dix ans, Alphonse rachète à tout-va du raisin et des vins de Sancerre. La maison Alphonse Mellot grossit, au point de dépasser 1,5 million de bouteilles en 1982. Pourtant, quelque chose cloche pour Alphonse senior. Bien sûr, son affaire tourne bien, et l'appellation Sancerre est de plus en plus reconnue. Mais Alphonse n'a plus le plaisir du business : « Dans les années 1980, je décide alors de faire un virage à 180 degrés. Je sépare les vins du domaine de La Moussière des autres vins de Sancerre génériques. Et je décide de réduire ma production et cette course au volume pour prendre le tournant de la qualité. » Bref, Alphonse senior fait sa révolution viticole ! Au point d'être parmi les premiers à adopter la culture dite « raisonnée », qui consiste à traiter la vigne que si nécessaire et pas systématiquement, comme avant, tous les dix jours. Il veut aussi « révéler le terroir » et apprend à élaborer les cuvées en sélectionnant des raisins à partir de vignes très âgées. « Il m'a fallu quinze ans pour revenir en arrière et vingt ans pour diviser la production par cinq ! » se souvient-il. Mais si Alphonse senior se rapproche de son Graal viticole, ses banquiers sont très loin du nirvana. Le vigneron doit attendre 2000, soit vingt ans, pour voir le bout du tunnel. Entre-temps, c'est la galère, la vraie. Il fallait faire des grands vins pour justifier les prix et « créer une part de rêve », et il fallait le faire savoir. Fin 1992, alors qu'Alphonse senior se retrouve six mois à l'hôpital après un grave accident de ski, il décide de se retirer et de passer la main à son fils Alphonse... surnommé Alphonse junior.

Alphonse « bio » junior...

Plongé dans le milieu du vin depuis son enfance, Alphonse junior dès l'âge de 12-13 ans travaille l'été dans les vignes. Et naturellement, il se dirige vers des études d'œnologie. Sérieux et plus réservé que son père, ce bon élève accumule les diplômes – Beaune, Dijon (sciences de la vigne), Bordeaux (viticulture) et Montpellier. Après un passage en stage en Bourgogne chez feu Didier Dagueneau, puis au Domaine Laroche, il revient dans le vignoble familial. La répartition des rôles avec son père est limpide. Alphonse senior se consacre à la gestion de l'affaire, alors que junior s'occupe des achats, des vignes, des caves et du vin. « Il faut savoir transmettre, je suis le gardien du Temple, lance Alphonse senior. Mon bonheur, c'est d'avoir un gamin plus fort que moi ! » Les deux hommes s'entendent bien, discutent et dégustent ensemble. « Depuis 1991, je fais tous les vins de la maison. Je n'ai jamais trop subi l'autorité paternelle. Mon père a vu que j'étais capable, j'ai donné une impulsion différente », analyse Alphonse junior à tout juste 40 ans. Réduction des rendements, en particulier sur le rouge, comme son père l'a fait sur les blancs, passage aux vendanges manuelles en caisses, nouveaux pressoirs... Sous sa férule, la maison se renouvelle et investit massivement. Mais la vraie rupture est ailleurs. Avec l'accord de son père, Alphonse junior décide de passer à la viticulture biodynamique à 100 %, méthode inventée par le scientifique et philosophe autrichien Rudolf Steiner, fondateur de l'anthroposophie (littéralement « sagesse de l'homme »). Au lieu d'appliquer des traitements chimiques à la vigne, la biodynamie s'appuie sur des « préparations » naturelles d'origine animale, végétale et minérale, administrées seulement à certains moments de la journée et en fonction du cycle de la lune et de la position des constellations. Dans le même temps, Alphonse junior rachète aussi des vignes avec sa sœur Emmanuelle, qui refait les étiquettes sur trois nouvelles cuvées et démarche la clientèle avec les agents. La deuxième sœur, Élodie, architecte designer, est mise à contribution pour refaire le magasin du domaine de La Moussière – parquet en chêne, couleur gris-beige, sobre et chic – situé presque en face de celui des vins Joseph Mellot. Aujourd'hui, Alphonse senior organise sa succession en cédant des parts à Alphonse junior et à Emmanuelle, qui travaillent tous les deux dans l'entreprise familiale. Quitte à dédommager les frères et sœurs, Élodie, Anne et le petit Louis, 11 ans, qu'il a eu de son second mariage. « Mon objectif est de tout transmettre à Alphonse, sinon l'exploitation explosera en cinq parts », annonce Alphonse senior, soucieux de la pérennité de l'entreprise familiale Alphonse Mellot.

La pugnace Catherine Corbeau-Mellot

Pendant ce temps, sur la route de Ménétréol à Sancerre, Catherine Corbeau-Mellot, 47 ans, présidente de la société Joseph Mellot (l'autre branche des Mellot), belle-fille de feu Joseph, pense, elle aussi, à l'avenir de l'entreprise familiale et de ses deux fils, Armand et Adrien Mellot, 12 et 10 ans. Les deux frères, qui ont fait le tour des vignes avec le chef de cave, suivent déjà les vendanges et adorent se rouler dans les moûts de raisin. « J'aimerais bien qu'ils me rejoignent dans la société, ça me tient à cœur », nous confie cette chef d'entreprise pugnace, qui a repris la tête de l'affaire en 2005, après le décès de son époux Alexandre à l'âge de 44 ans. « On a beaucoup ramé pour se faire connaître et expliquer qu'on est aussi ancien et qu'on a les mêmes souches qu'Alphonse Mellot », souligne-t-elle.

Lorsque son beau-père Joseph Mellot a hérité en 1969 après la séparation avec Alphonse-Edmond, il s'est, en effet, retrouvé avec un petit vignoble et des stocks. Mais, nous l'avons vu, sans La Moussière. Joseph s'avère plus téméraire que ne le supposait son frère Edmond. Il reconstitue un vignoble à Sancerre – La Chatellenie – et en développe un autre en appellation Pouilly-Fumé. Après des études viticoles, son fils Alexandre le rejoint en 1984 alors que la maison écoule 250 000 bouteilles et réalise 370 000 euros de chiffre d'affaires. Très tôt, Joseph lui donne des responsabilités. L'objectif d'Alexandre est alors de « développer un vignoble dans chaque appellation de Centre-Loire », explique Catherine. Alexandre rachète des vignobles à Quincy ou Reuilly en fonction des opportunités ou lors des successions. Il réinvestit la totalité de ses bénéfices dans l'outil de production de réseaux de vente en France et à l'étranger. Lorsque Catherine arrive dans la société en 1987 après « avoir rencontré l'homme de sa vie », elle s'occupe de la partie commerciale. Épaulée par Alexandre, elle suit les cours de l'université du vin à Suze-la-Rousse et prend des responsabilités dans la marche de l'entreprise. Au lendemain du décès d'Alexandre, elle ne se pose même pas la question. « Deux jours après, il y avait une réunion export. J'y suis allée, je n'allais tout de même pas laisser s'écrouler la société », raconte-t-elle. « Les sœurs d'Alexandre – Marie-Josèphe, Isabelle et Pascale – et ma belle-mère m'ont donné confiance pour continuer. » Depuis, Catherine Mellot a repris deux autres petits domaines et se lance de nouveaux challenges. Après avoir participé pour la première fois, en 2009, au Rallye Aïcha des Gazelles, rallye automobile féminin, elle ne manque pas d'idées pour développer Joseph Mellot, qui produit aujourd'hui 2 millions de bouteilles. Des capsules à vis sur les bouteilles export, qui ont permis de doubler les ventes en Grande-Bretagne, ou des bouteilles en PET en préparation « pour des vins à boire tout de suite » à destination de l'export, la P-DG est pragmatique. « Ça ne change pas le contenu, et c'est un conditionnement écologique », explique-t-elle tout en rappelant que Joseph Mellot élabore aussi des grandes cuvées : La Grande Châtelaine et Cuvée Pierre Étienne, du nom du fondateur de la dynastie Mellot en 1513. Les deux familles ne se fréquentent pas. Mais elles ne sont plus fâchées. Chacune tient autant que l'autre à préserver à tout prix son indépendance. Pour que le nom des Mellot leur survive. Il ne leur reste plus qu'à boire un verre ensemble ! Même si Catherine Corbeau-Mellot risque d'avoir du mal à convaincre son cousin Alphonse junior de mettre ses vins dans des bouteilles en plastique « PET » !

1. *Les Plus Grands Vins du monde*, Michel Bettane et Thierry Desseauve – Minerva, 2006.
2. *Les Meilleurs Vins de France 2008*, Olivier Poussier, Antoine Gerbelle et Olivier Poels – La Revue du vin de France, 2008.

Les meilleurs vins d'Alphonse Mellot de ces trente dernières années

Vignobles Alphonse Mellot

- La Moussière (sancerre blanc) : 2003, 2005, 2006
- La Moussière (sancerre rouge) : 2004, 2005, 2006
- Génération XIX (sancerre blanc) : 1999, 2003, 2004, 2005, 2006
- Génération XIX (sancerre rouge) : 1996, 2001, 2004, 2005, 2006
- Edmond (sancerre blanc) : 1996, 1997, 2000, 2002, 2004
- La Demoiselle (sancerre rouge) : 2005
- En Grands Champs (sancerre rouge) : 2003, 2004, 2005

Sélection de cuvées récentes de Joseph Mellot

- Pouilly-fumé Le Troncsec : 2006, 2007, 2008
- Sancerre (blanc) La Chatellerie : 2006, 2007, 2008
- Sancerre (blanc) La Gravelière : 2006, 2007, 2008

Elles ont gardé le nom de père en fils

Quatre générations chez Drouhin, cinq chez l'Allemand Egon Müller et… douze chez les Hugel : ces trois familles n'ont pas seulement réussi l'exploit de transmettre leur patronyme viticole de père en fils, chaque génération a apporté sa pierre à l'édifice, pour en faire des maisons à la renommée planétaire. Même si leurs entreprises ne sont pas devenues pour autant des petites multinationales du vin comme les Italiens Antinori et les Espagnols Torres. Bien sûr, les Drouhin possèdent un vignoble en Oregon tandis que l'Allemand Egon Müller a posé quelques jalons en dehors de sa Moselle natale. Pourtant, les Drouhin sont d'abord célèbres pour leur cuvée Clos des Mouches. Tandis qu'Egon Müller l'est avant tout pour ses succulents liquoreux, réputés les plus chers du monde. Partis dès les années 1920 à la conquête du marché anglais, les Hugel sont, eux, respectés pour avoir – à travers leur vin – démontré que l'Alsace pouvait se hisser au niveau des meilleures appellations. Obsédés par la transmission du savoir viticole comme par celle du patrimoine, ils ont su protéger leur maison des querelles familiales. Bien sûr, la volonté de préserver le nom a trop longtemps privilégié les fils au détriment des filles. Pourtant, dans chacune de ces familles, il s'en est fallu parfois de peu pour que le fil ne se rompe définitivement. Bien sûr, Egon Müller IV est aujourd'hui le seul à être entièrement maître chez lui. Alors qu'ils sont trois à se partager la prestigieuse maison alsacienne Hugel et quatre chez Drouhin, dont une fille, Véronique, à codétenir et à diriger le pilier bourguignon Drouhin. Mais chacun d'entre eux affiche toujours la même volonté inébranlable de transmettre un nom, symbole à leurs yeux de l'excellence viticole.

Drouhin : un quatuor qui joue juste

« Alors, comme convenu je vous retrouve au Parlement. » Pareil rendez-vous fixé par Véronique Drouhin, œnologue et héritière de la maison beaunoise Joseph Drouhin, a de quoi désorienter le nouveau visiteur ! Peu de vignerons ont, en effet, le privilège de pouvoir faire déguster leurs vins dans une salle du XVIIe siècle située en dessous de l'ancien parlement de Bourgogne. Installée au milieu des petites ruelles du centre de la vieille ville, à proximité des célèbres Hospices de Beaune, la maison reprise par Joseph Drouin en 1880 n'est pas seulement réputée pour ses immenses caves, dont la plus ancienne fut creusée au XIIIe siècle par les chanoines. Pour les amateurs de grands blancs, ce patronyme évoque aussi, et surtout, le très fameux Clos des Mouches et l'exceptionnel montrachet Marquis de Laguiche. Alors que les aficionados des bourgognes rouges classent la maison Drouhin parmi les valeurs sûres, grâce notamment à son clos-de-vougeot grand cru, son chambolle-musigny premier cru ou son nuit-saint-georges premier cru. Des vins élégants et racés qui sont vinifiés à partir de raisins issus d'un vignoble entièrement conduit en bio et en biodynamie depuis près de deux décennies. Ici, pas de compromis, pas d'artifice, pas de chichi. Peu démonstratifs dans leur jeunesse, les vins doivent être attendus pour se révéler pleinement. Certains critiques trouvent la production maison encore trop irrégulière. Mais hors de question pour Philippe, Véronique, Laurent et Frédéric, représentants de la quatrième génération qui copilote la maison, sous la férule paternelle de Robert Drouhin, président du conseil de surveillance, de tomber dans la mode des vins technologiques à outrance. Du pragmatique Frédéric Drouhin, cadet de la fratrie et patron opérationnel, au longiligne et très réservé Philippe, responsable des vignes du domaine, en passant par le très dynamique Laurent, chargé de la distribution aux États-Unis, et sans oublier la volontaire Véronique Drouhin, tous partagent la même approche du métier fondée sur le respect du terroir. « Et aussi le respect de la parole donnée, indispensable en affaires », précise Robert Drouhin, plutôt fier d'avoir réussi à leur transmettre l'entreprise familiale... qui a bien failli ne pas le rester.

Le mystérieux Joseph Drouhin

Pour Robert Drouhin, l'histoire de son grand-père relève encore de l'énigme. Il sait juste que Joseph Drouhin est originaire de l'Yonne et qu'il a fait un beau mariage avec une riche propriétaire terrienne de la région. « Pourquoi s'installe-t-il à Beaune ? Je n'en sais rien », regrette Robert Drouhin. Après avoir fondé son propre négoce de vin, Joseph Drouhin achète la petite maison beaunoise Alexis Colin qui vend aussi bien du bourgogne que du vin des Côtes du Rhône et aussi du madère. Parmi les rares documents de l'époque, Robert Drouhin a retrouvé une lettre adressée par Joseph à l'ambassadeur de France en Espagne. Dans ce courrier, il lui fait part de son installation comme négociant à Beaune et lui demande s'il y aurait des gens intéressés pour commercer avec lui. Joseph Drouhin a deux enfants : un garçon, Maurice, et une fille, Thérèse, la mère de Robert. Maurice Drouhin n'a pas d'enfant. Thérèse Drouhin fait partie des premières femmes à faire médecine au début du XXe siècle. À la fin de ses études, elle épouse André Jousset, une sommité médicale de l'époque, avec lequel elle a trois enfants, deux filles et un fils Robert. « Avant de s'installer à Beaune, mes parents vivaient boulevard Saint-Germain à Paris », raconte ce dernier.

Maurice Drouhin, le défricheur

À la mort de Joseph Drouhin, en 1918, son fils Maurice reprend tout naturellement l'affaire de négoce familiale. Connu pour avoir été l'officier de liaison avec les troupes françaises du général américain MacArthur, commandant la division Arc-en-Ciel pendant la Première Guerre mondiale, ce bâtisseur décide de faire évoluer radicalement le business familial. Très vite, il se concentre sur les vins de Bourgogne. Mais surtout, il souhaite créer un domaine viticole. La région se remet du phylloxéra, et Maurice Drouhin préfère, dans un premier temps, acheter des terrains en friche près de Beaune plutôt que des vignes. Il ne le sait pas encore mais ses premiers achats s'avèrent particulièrement judicieux. Parmi les terres achetées à l'époque, figure en effet le désormais fameux Clos des Mouches, considéré aujourd'hui comme l'ADN viticole de la maison Drouhin. Dans la foulée, Maurice reprend des vignes, cette fois au Clos de Vougeot. Car il souhaite jouer la carte de la qualité et du haut de gamme. Devenu distributeur exclusif pour la France de la Romanée-Conti, qui lui donne accès à la grande restauration française, il exporte non seulement ses propres vins mais aussi ceux d'autres grandes maisons dans plusieurs pays européens et même aux États-Unis. Reconnu par la profession, il est nommé administrateur des Hospices de Beaune en 1925. Quinze ans plus tard, alors que la Seconde Guerre mondiale éclate, il adopte ses neveux : Robert et ses deux sœurs, orphelins de leur mère Thérèse depuis 1935 et après le décès de leur père en

1940. « Par rapport à Joseph Drouhin, j'ai donc une double filiation, directement par le sang du côté de ma mère, et juridique par mon oncle », observe Robert Drouhin, qui voue une grande admiration à Maurice Drouhin, son « Parrain ». La maison de négoce a traversé sans gros pépins la crise économique des années 1930, mais la Seconde Guerre mondiale s'avère, elle, beaucoup plus périlleuse.

Tant pis pour la Romanée-Conti !

L'armée d'occupation se méfie de l'ancien officier de liaison de Mac Arthur. Maurice Drouhin est arrêté par les Allemands en août 1941 alors qu'il se rendait à l'hôtel-dieu qui appartenait aux Hospices de Beaune. Emprisonné à Fresnes, il doit comparaître devant un tribunal militaire au mois d'octobre suivant. « Sers d'abord les anciens clients et occupe-toi des commandes qui nous permettront d'obtenir des bouteilles vides en retour. Fais mettre en bouteille, petit à petit, la récolte de la Romanée-Conti », ordonne de sa cellule Maurice Drouhin à sa femme Pauline[1].

Pendant son incarcération, le négociant bourguignon doit aussi renoncer à une affaire en or. Les Chambon lui ont, en effet, proposé de racheter les 50 % qu'elle détenait alors dans le domaine de la Romanée-Conti. « Son épouse s'est rendue à Fresnes pour lui faire part de cette offre. Il n'est pas possible de prendre une décision de cette importance en ne sachant pas de quoi sera fait le lendemain, relativise Robert Drouhin. En plus, ce n'est pas si simple de trouver un banquier qui prête de l'argent à un type en prison. » Maurice Drouhin laisse filer ainsi l'affaire au profit de Henri Leroy (voir page 21), tandis que l'autre moitié est détenue par la famille de Villaine. La maison Drouhin perd du coup l'exclusivité de la distribution en France de la Romanée-Conti, qui lui avait ouvert tant de portes.

Libéré le 13 février 1942, Maurice Drouhin regagne Beaune. Selon Robert, le sauvetage d'un soldat allemand pendant la guerre de 1914-1918 lui aurait valu la clémence du tribunal militaire. Certains estiment qu'il le doit plutôt à sa bonne relation avec le *Weinführer*, Adolphe Stegniz, un des négociants allemands envoyé par le régime nazi pour superviser les principales régions viticoles françaises, avec lequel il était en affaires avant la guerre. Toujours en charge des Hospices de Beaune, Maurice Drouhin soumet à l'approbation du conseil d'administration le don au maréchal Pétain d'une des plus vieilles parcelles appartenant à l'institution caritative. « La motion fut adoptée à l'unanimité, et la parcelle fut rebaptisé Clos Maréchal. Le 29 mai 1942, une délégation emmenée par Maurice Drouhin se rend à Vichy pour présenter le document au Maréchal qui les accueillit avec chaleur [...] [1] ». Pourtant, cette démarche et sa bonne relation avec le *Weinführer* Stegniz n'empêchent pas l'armée allemande de frapper deux ans plus tard au petit matin à la porte de sa maison, rue d'Enfer à Beaune, pour l'arrêter de nouveau. Les Allemands, qui le soupçonnent d'être proche de la Résistance, ont cerné le quartier comme les issues de sortie des caves de la maison de négoce. Mais Maurice Drouhin s'attendait à leur visite. Il descend dans ses caves, parvient à s'échapper par un passage secret et se réfugie quelques semaines aux Hospices de Beaune avant de rejoindre le maquis.

Malgré sa frayeur ce jour-là, Robert Drouhin ne garde pas un mauvais souvenir de son enfance. « La vie était plus dure pour les adultes que pour les enfants. Coucher dans les caves avec les voisins représentait l'aventure pour nous, pas pour nos parents. Nous menions une existence simple, nous allions pêcher le coulant, et déjà mon oncle commençait à m'emmener dans les vignes », raconte-t-il. Doucement mais sûrement, son oncle lui inculque les bases du métier. « Nous recevions beaucoup de monde à la maison. On servait des bonnes bouteilles. Au début, j'écoutais les commentaires, ensuite j'ai fini par goûter et par donner mon avis [...] Du coup, je pense connaître mieux que quiconque les vins du Domaine de la Romanée-Conti de 1934 à 1943 ! » Robert Drouhin se souvient ainsi d'avoir dégusté notamment des richebourgs mémorables de la Romanée-Conti, issus de vignes préphylloxériques arborant sur l'étiquette la mention « Vigne Originelle Française Non Reconstituée » (VOFNR).

Robert Drouhin, le bâtisseur

Lorsqu'il apprend un jour de 1957 que Maurice Drouhin, son oncle et père adoptif, a été victime d'une attaque hémiplégique, Robert Drouhin est loin d'avoir achevé ses études d'œnologie. Il revient juste de son service militaire au Maroc. À 24 ans, il prend donc les commandes de la maison dans l'urgence. « J'ai fait beaucoup d'erreurs », reconnaît-il. Après le décès de Maurice, en 1962, Robert doit aussi trouver les moyens d'indemniser ses deux sœurs, elles aussi héritières de la maison de négoce. « Je n'avais aucun diplôme commercial, ni la moindre formation académique en viticulture ou en œnologie », souligne ce vigneron autodidacte, qui a su depuis ajouter à son expérience pratique une connaissance encyclopédique sur le vin. « Le plus important pour la pérennité d'une affaire viticole familiale, c'est la transmission d'une passion, d'une connaissance de sa région d'origine, mais aussi de valeurs morales », affirme ce Bourguignon réputé pour son honnêteté et sa rigueur qui frise parfois l'intransigeance. « C'est un dur, un coriace même, comme un vieux cep bien résistant qui ne s'en laisse pas compter ! » constate l'un de ses amis. Son arrivée à la tête de la maison Drouhin coïncide avec un changement d'époque viticole. Les tracteurs remplacent les chevaux de labour. Les engrais chimiques se substituent au fumier. Les molécules de synthèse viennent s'ajouter ou suppléer à la bouillie bordelaise dans la protection de la vigne contre les maladies. De nouvelles techniques de vinification sont introduites sous l'influence des premiers diplômés en œnologie. Fasciné par cette révolution, Robert Drouhin brûle d'impatience de tester de nouvelles méthodes. Comme le reste de la Bourgogne, il doit aussi faire face à un autre défi. Ses vignes ont vieilli. Replantées pendant le ravage du phylloxéra, à la fin du XIXe siècle, certaines ont dépassé la limite d'âge. Plus de 70 ans pour nombre d'entre elles. Les vins affichent une bonne qualité d'ensemble. Certains sont même fameux, mais la production a chuté. Pour replanter, il faut de l'argent. Or, dans les années 1950, la région reste pauvre. Du coup, les vignerons attendent le redémarrage économique des années 1960, le début des fameuses Trente Glorieuses, pour s'y mettre. « Hélas ! nous replantons trop vite et mal », déplore Robert Drouhin. La Bourgogne se met alors à produire des vins souvent dilués, voire maigres, issus de vignes jeunes. Lorsque le soleil n'est pas au rendez-vous, les vignerons recourent à la chaptalisation, un procédé qui consiste à ajouter du sucre lors de la fermentation pour obtenir un degré d'alcool suffisant.

« Même si la jeunesse se corrige d'elle-même, la qualité des vins ne commence à s'améliorer vraiment qu'au milieu des années 1980 », estime Robert Drouhin. Car si le vin n'a rien d'exceptionnel, bien au contraire, il se vend très bien, qu'il soit bon ou... pas. Ce qui pousse beaucoup de viticulteurs vers la facilité. Tous ne tombent pas dans ce piège. Des maisons comme Drouhin tentent d'améliorer les choses. Lucides, elles constatent les défauts de leurs vins, dont un manque chronique d'acidité. Mais les Drouhin n'identifient pas tout de suite la racine du mal. À savoir le mauvais choix de porte-greffes qu'ils ont fait lors de la replantation du vignoble dans les années 1960. « Alors on traite et on surtraite les sols et la vigne. En croyant bien faire ! » admet Robert Drouhin. Puis, après avoir forcé sur les traitements sans résultats probants, Robert Drouhin décide de revenir à des produits plus traditionnels, sans pour autant abandonner les traitements modernes contre les maladies de la vigne. Spécialisé dans les vins de Bourgogne, il développe son réseau commercial à l'étranger. Au milieu des années 1960, la maison Drouhin possède une quinzaine d'hectares en propre. Les affaires marchent plutôt bien. Robert souhaite consolider son entreprise avec de nouveaux vignobles. « À l'époque, la Bourgogne était déjà chère », déclare Robert Drouhin, qui décide d'acheter en 1968 une quarantaine d'hectares de terres en friche à Chablis. Son arrivée déplaît à certains potentats viticoles locaux. Doucement mais sûrement, il arrive néanmoins à imposer les vins du Moulin de Vaudon, au point d'en faire une solide référence de l'appellation. Trop à l'étroit dans ses caves de Beaune, il décide de construire une nouvelle unité de production et de stockage en périphérie de la ville. Mais, en février 1973, un incendie criminel détruit entièrement la totalité des bâtiments. « Nous avons perdu 200 000 bouteilles », se souvient Robert Drouhin. Même si l'assurance couvre les dommages, la qualité des vins de négoce, vinifiés et stockés chez des concurrents, s'en ressent jusqu'en 1976.

Les Drouhin en Oregon

Vingt ans après avoir fait le pari du chablis, Robert Drouhin décide de relever un défi encore plus audacieux. Lors d'un premier périple en Oregon, à l'automne 1986, le négociant beaunois est, en effet, tombé sous le charme de la région. « Je me suis même dit à haute voix, ce serait sympa si on avait un petit bout de vigne pour faire du vin dans cet endroit ! » se souvient-il. Neuf mois plus tard, à Vinexpo, son ami le vigneron David Adelsheim, cofondateur du vignoble éponyme en Oregon, lui glisse que des terres sont à vendre. « Je connaissais les vins, la grande majorité étaient techniquement mauvais, sauf quelques-uns », raconte Robert Drouhin. Bien sûr, la famille a un savoir-faire, un nom et un réseau de distribution. Mais le défi reste énorme. « En Bourgogne, j'avais hérité d'un domaine. Là-bas, je pouvais créer moi-même un vignoble de A à Z ! » s'enthousiasme-t-il. Dans un premier temps, il commence par acheter une dizaine d'hectares de terrains en friche en Oregon. Très vite, sa fille Véronique se passionne pour ce projet. « J'avais les connaissances universitaires, mon père l'expérience et la mémoire du vin », raconte-t-elle. Mais tout est à réinventer. Pas question, en effet, de reproduire à l'identique ce qu'ils font en Bourgogne. Le père et la fille regardent alors comment leurs futurs collègues d'Oregon font leurs vins. Ils étudient les sols, repèrent les porte-greffes de pinot noir qui ont été plantés par les vignerons locaux. Leurs choix s'avèrent les bons dès le premier millésime, sorti en 1991... importation de clones bourguignons de pinot noir, densité de plantations supérieure aux pratiques locales, méthodes de vinification plus précises. Certes, ce n'est pas encore du très grand vin de pinot noir, mais le résultat est encourageant et le potentiel de progression prometteur. Assez rapidement, les vins prennent du corps, Véronique Drouhin de l'assurance, et le domaine s'agrandit régulièrement pour atteindre aujourd'hui 45 hectares plantés en quasi-totalité. À la cuvée Laurence s'ajoute la très sélective cuvée Louise, les prénoms de ses filles. Dans la foulée, le domaine se met également à produire du vin blanc issu de chardonnay. Sans complaisance lorsqu'il notait les bourgognes de la maison Joseph Drouhin des années 1980, le critique américain Robert Parker se montre bien plus enthousiaste dix ans plus tard lorsqu'il déguste les vins produits en Oregon. Il n'est pas le seul. Nombre de revues spécialisées américaines comme *Wine Spectator* reconnaissent les prouesses réalisées en quelques années seulement. Aujourd'hui, les Drouhin sont respectés en Oregon. Avec ce pari presque gagné, Véronique s'est aussi affirmée au sein de sa famille et fait désormais partie du club des œnologues de dimension internationale. Aujourd'hui, elle supervise l'ensemble de la vinification de la maison Drouhin, depuis le départ de Laurence Jobard, l'œnologue maison restée plus de deux décennies, qui avait été recrutée par son père. « Ma sœur pourrait devenir une consultante mondiale. Elle gagnerait beaucoup plus que je ne pourrais jamais la payer ! » admet Frédéric Drouhin qui ne s'inquiète pas trop de la voir partir. Souvent entre deux avions, déchirée de quitter ses enfants plus que de raison, cette femme simple et plutôt stricte est en effet trop amoureuse de ses vins américains et bourguignons pour leur être infidèle.

Des vins qui s'améliorent, un chiffre d'affaires correct et des enfants qui trouvent doucement mais sûrement leur place au sein de l'entreprise familiale : le début des années 1990 se présente bien pour Robert Drouhin. Pourtant, les feux ne vont pas rester longtemps au vert.

La maison Drouhin sous pavillon japonais

Dévoré par le développement viticole et commercial de son affaire, Robert partage la semaine entre ses caves, ses vignes et les halls des aéroports. Mais il néglige la lecture de ses bilans. « Je n'avais pas de formation et aucun goût pour la finance », regrette cet homme qui gère ses affaires en autocrate. Son fils cadet Frédéric n'a pas terminé ses études tout comme Laurent. Enfin, et surtout, son aîné Philippe, pourtant diplômé de l'ESC Tours option finance, préfère arpenter les vignes plutôt que d'éplucher des comptes. Or, ceux-ci se sont sérieusement détériorés au lendemain de la première guerre du Golfe. Robert Drouhin a englouti des sommes importantes dans la distribution en Grande-Bretagne, et surtout la baisse de la demande de vin a fait exploser les stocks. Une situation intenable alors que leur financement coûte 12 % d'intérêts. Pour ne rien arranger, son banquier, le Crédit Lyonnais, est lui aussi dans une très mauvaise passe ! Contraints de serrer les boulons, les dirigeants de la banque décident de réduire les lignes de crédit. La maison Drouhin n'échappe pas à la purge. Très vite, ses difficultés font le tour de la Bourgogne. Robert Drouhin appelle alors à la rescousse son distributeur au Japon depuis 1971, une filiale de la Snow Brand Milks Products, qui fait alors figure de petit Nestlé nippon. Au départ, il pensait ne lâcher que 10 % du capital. « Mais après analyse, ils m'ont fait comprendre qu'il fallait mettre beaucoup plus de capitaux », explique-t-il. Le temps presse, Robert Drouhin accepte de perdre le contrôle en 1994. Les Japonais prennent 51 %. Officiellement, la maison de négoce beaunoise est passée sous pavillon japonais. Robert Drouhin laisse dire aussi les oiseaux de mauvais augure qui lui prédisent le pire : « Tu vas voir, les Japonais sont infernaux, pinailleurs, les circuits de décision sont longs », se souvient-il. « Moi, je n'avais pas signé avec un groupe mais avec son président qui me faisait confiance depuis longtemps. Nous avons fait du très bon travail ! » Et surtout, Robert Drouhin a sa botte secrète. En réalité, le deal conclu avec le conglomérat nippon prévoyait le rachat de la totalité des 51 % en plusieurs étapes par la famille.

Les Drouhin à nouveau maîtres chez eux, mais après ?

Fort du soutien financier et de la confiance des Japonais, Robert Drouhin remet de l'ordre dans les comptes et poursuit sereinement le développement de son entreprise. Conformément aux engagements de 1994, il reprendra la majorité relative de la maison de négoce neuf ans plus tard. Puis, en 2007, les Drouhin augmentent encore leur participation à 67 %, dernière étape avant d'être à nouveau seuls maîtres chez eux. De son côté, le groupe japonais dut affronter des scandales liés à des contaminations alimentaires. L'intermède « nippon » fut aussi l'occasion de mettre en place une nouvelle structure juridique avec conseil de surveillance et directoire. « Pendant trop longtemps, le conseil d'administration, c'était moi et moi seul », observe Robert Drouhin, officiellement moins présent dans la gestion quotidienne de la maison depuis 2003. C'est Frédéric qui, à 41 ans, assume la présidence du directoire, épaulé notamment par Thierry Guerriero, son directeur administratif et financier. Tandis que Robert préside le conseil de surveillance où siège Véronique Drouhin et son neveu Pierre Pradal, ex-contrôleur de gestion du groupe Coca-Cola France. Aujourd'hui, le pilotage de la maison est collégial. Toutes les décisions stratégiques font l'objet d'une discussion entre les trois frères et leur sœur. « Mais c'est toujours Robert Drouhin qui a le dernier mot », observe un proche de la famille. Leur obsession commune reste la défense de la qualité. Les Drouhin ont ainsi décidé de ne pas mettre sur le marché le millésime 2004 de la cuvée Clos des Mouches. « En termes financiers, cette décision a été lourde, mais elle ne peut que bénéficier à la signature Drouhin », tranche Frédéric. De même, Philippe Drouhin n'aurait pu entraîner, dès 1988, la maison à la biodynamie et à la bio sans le soutien unanime et constant de ses frères et sœur. Certes, pour lui la certification « bio » relève aujourd'hui de la paperasse administrative. Bien sûr, son credo d'« apporter des solutions naturelles aux problèmes naturels » paraît souhaitable. Pourtant, vouloir rendre aussi résistantes des vignes et des sols fertiles avec des traitements bios ou des préparations biodynamiques, c'est s'exposer, au moins les premières années, à des risques de maladies beaucoup plus importants. Sevrer des sols et des ceps gavés d'engrais ou de pesticides chimiques des années durant implique en contrepartie un soin de la vigne sans relâche, et donc avec beaucoup de moyens humains. Autrement dit, du temps et de l'argent. Le pari des Drouhin est d'autant plus audacieux qu'ils souhaitent dans le même temps étoffer encore leur patrimoine viticole. « Cela fait beaucoup de défis à la fois pour une maison à la rentabilité assez modeste, comparé à certains concurrents », observe un connaisseur du dossier.

Qu'il s'agisse de se renforcer en Côte de Nuits ou en Côte de Beaune, comme ils viennent de le faire récemment avec la reprise d'une petite parcelle à Pommard ou de 1 hectare à Savigny-lès-Beaunes, d'étudier les opportunités en Beaujolais ou d'agrandir encore le vignoble en Oregon, leur stratégie repose aussi sur leur unité sans faille. Pour le moment, celle-ci paraît indestructible. Au départ, Robert Drouhin pensait passer les commandes à son fils aîné Philippe. « Mais l'aspect commercial de la fonction le rebutait. Frédéric s'est imposé naturellement comme le chef. Il en a les qualités », raconte-t-il. Officiellement, les relations semblent relativement sereines au sein de cette fratrie bourguignonne. Pourtant, beaucoup se demandent si ce n'est pas Véronique, dont les compétences sont reconnues par la profession, qui devrait être la patronne. « En plus, elle a un charisme que n'ont pas ses frères », estime l'un des membres de Primum Familiae Vini (voir p. 13) tombé sous son charme. « Le fait que chacun ait son domaine de prédilection facilite beaucoup les choses », relativise cette dernière. Bien sûr, cela ne permet pas d'éliminer toutes les tensions. « Lorsqu'il représentait la maison à Paris, Laurent a souffert d'avoir Frédéric sur le dos tous les jours ! Depuis que Laurent est aux États-Unis, leurs relations se sont apaisées », raconte Robert Drouhin.

Mais qu'en sera-t-il lorsque celui-ci ne sera plus là pour trancher les éventuels différends entre ses enfants ? Il suffit en effet d'un rien pour mettre le feu entre des héritiers en indivision. Réputé pour sa franchise, Frédéric Drouhin « aurait des relations un peu tendues avec certaines pièces rapportées de la famille », nous confie un proche. Ces bisbilles pourraient-elles polluer la transmission à la génération suivante, certes encore très verte mais qui compte déjà huit membres ? Heureusement, Philippe, Véronique, Laurent et Frédéric savent qu'ils ont encore quelques millésimes devant eux avant d'avoir à répondre à cette délicate question. En attendant, ils s'efforcent, chacun à leur façon, de transmettre la passion du vin à leur progéniture.

1. *La Guerre et le Vin*, Don et Petie Kladstrup – Éditions Perrin, coll. « Tempus », 2005.

Les meilleurs vins du Domaine Joseph Drouin de ces trente dernières années

- Bâtard-montrachet : 1995, 1996, 2002, 2006
- Beaune Clos des Mouches (blanc) : 1992, 1995, 1996, 2005, 2006
- Beaune Clos des Mouches (rouge) : 1995, 2005
- Bonnes-mares : 2002, 2005
- Chambolle-musigny Amoureuses : 2005
- Montrachet Marquis de Laguiche : 1989, 1995, 1996, 2000, 2002, 2006
- Musigny : 1996, 2005
- Puligny-montrachet Folatières : 1995, 1996, 2002, 2006

Hugel : précurseurs de père en fils

La bête est ventrue, massive même, sa longévité impressionne carrément le visiteur. Foudre de 8 800 litres, le « Sainte Catherine » affiche 294 millésimes au compteur. Entré en service l'année du décès de Louis XIV, il trône toujours dans la cave de la maison Hugel & Fils, au cœur de Riquewihr, magnifique petit village alsacien du XIIIe siècle conservé dans son jus.
À l'image de leur « Sainte Catherine », la dynastie Hugel affiche une résistance à toute épreuve. Fondée en 1637 par Hans Ulrich Hugelin, elle a traversé la guerre de Trente Ans, survécu aux famines, à la peste, aux épidémies, aux batailles napoléoniennes comme à celle de 1870 et est sortie miraculeusement des guerres de 1914-1918 et de 1939-1945. Tantôt française, tantôt allemande, toujours debout : l'histoire de la famille se confond avec celle de l'Alsace. Quel chemin parcouru, en effet, depuis l'arrivée du premier Hugel (qui signifie « colline » en alsacien), venu se réfugier derrière les murs fortifiés de Riquewihr en pleine guerre de Trente Ans avec ses vêtements pour seuls biens. « Il fallait être costaud et avoir de la chance pour s'en sortir vivant ! » observe André Hugel, membre de la onzième génération, tandis qu'il nous fait admirer le porche de la maison construite en 1672 par Hans Ulrich Hugel junior, fils du fondateur, toujours orné

du sceau familial HUH (Hans Ulrich Hugel). Des armoiries qui figurent aujourd'hui sur les bouteilles de l'une des plus prestigieuses maisons de l'Alsace viticole.
Certes, à l'instar d'un Marcel Deiss, des domaines Weinbach ou Zind Humbrecht, les Hugel ne sont pas les seuls à produire des grands vins. Bien sûr, il y a le Clos Sainte-Hune, équivalent alsacien de la Romanée-Conti, détenu par leurs éternels rivaux et cousins les Trimbach. Pourtant, rares sont les familles de vignerons alsaciens qui ont autant fait pour l'Alsace viticole que les Hugel et qui affichent sur autant de générations la même exigence de qualité, dans une région plutôt réputée pour produire beaucoup et parfois médiocre. Comment ne pas s'extasier, en effet, devant la finesse et l'équilibre d'un riesling Jubilée 2004 ou 2005. Comment ne pas succomber aux senteurs de pétales de rose et à la douceur mielleuse du gewurztraminer vendange tardive 2001. Impossible aussi de résister aux charmes dévastateurs d'un tokay-pinot gris sélection de grains nobles 1989, d'un gewurztraminer sélection de grains nobles 1998, 2001, 2002 ou 2005, et à bien d'autres nectars encore. « Qui peut prétendre faire un vin même correct à 2,49 euros la bouteille en grande surface ! » s'insurge Jean-Philippe Hugel, fier de proposer des produits de qualité à des prix raisonnables, comme le Gentil, un vin d'assemblage des grands cépages alsaciens, né au début du XXe siècle et relancé avec succès dans les années 1990 par la famille. Patron officiel de la prestigieuse maison alsacienne, cet ancien de l'ESSEC, bonhomme et rigoureux de 55 ans, cogère avec ses cousins – l'ultradiscret et passionné Marc Hugel, monsieur Vigne & Vin, et le très affable Étienne Hugel, responsable export et relation publique – une maison qui exploite 27 hectares, dont la majorité se situent dans le Sporen et le Schoenenbourg, deux grands crus situés sur les coteaux qui entourent Riquewihr.
L'histoire de la famille remonte à la première moitié du XVIIe siècle, mais

ses faits d'armes viticoles sont plus récents. L'arrivée d'Émile Hugel à la tête de la maison au début du XXe siècle marque un tournant décisif pour cette famille de viticulteurs tonneliers. Jusque-là, des viticulteurs comme les Hugel se sont attachés à cultiver leurs quelques parcelles de vignes sans faire de bruit. Même si l'un des membres, Jean-Georges Hugel s'était déjà distingué avec une médaille d'argent au concours viticole de Colmar en 1867. Chose assez unique pour être soulignée, la transmission a pu être assurée de père en fils sur douze générations. Depuis 1934, l'activité commerciale a été séparée de la propriété viticole. Aujourd'hui encore, la société Hugel & Fils exploite les terres détenues par les héritiers de la dynastie qui ne travaillent pas forcément dans l'entreprise. Chez les Hugel, le vin reste une affaire d'hommes. Officiellement, les femmes de la famille ne se sont jamais intéressées au vignoble. « Elles n'ont jamais été écartées », assure Jean-Philippe Hugel, très sensible sur le sujet. « Je vous en conjure, ne dites pas que nous sommes misogynes. » Pourtant, beaucoup d'entre elles sont absentes de l'arbre généalogique, comme si elles n'existaient pas. Même si plusieurs détiennent encore des vignes. Pas question non plus que les épouses de Marc, Étienne et Jean-Philippe se mêlent de leur business ! « Dans une famille, ce sont souvent les pièces rapportées, au masculin comme au féminin, qui attisent les jalousies entre les membres d'une fratrie », estime André Hugel. Mais les choses pourraient changer avec l'arrivée aux commandes de la treizième génération à la fin de la prochaine décennie.

La reconnaissance... enfin ?

La négociation fut rude. Mais après moult discussions avec les services de la présidence de la République, Émile Jung, le chef étoilé du restaurant *Au Crocodile* à Strasbourg, chargé du déjeuner du 3 avril 2009 au sommet de l'OTAN, a finalement réussi à imposer son choix. Le pinot gris 2005 de la maison Hugel a été retenu pour accompagner l'entrée, des asperges vertes et saint-jacques à l'œuf poché Doria servies au Président Nicolas Sarkozy et à ses invités, dont le Président américain Barack Obama. Au départ, il n'était pas prévu de servir un vin d'Alsace. À l'image des Alsaciens incompris des « Français de l'intérieur », les Hugel estiment que les vins d'Alsace restent trop méconnus pour être respectés en France. Certes, nombre de restaurants étoilés français affichent leurs vins à leurs menus. Bien sûr, plusieurs cavistes alsaciens et lorrains leur réservent toujours une place de choix. Dans le reste de l'Hexagone, la situation est moins glorieuse. « Il est plus difficile de vendre du vin alsacien en France qu'à l'étranger ! Les Français en sont restés à la dame qui mange un cake à cinq heures de l'après-midi avec un verre de gewurztraminer à la main », déplore Étienne Hugel, fier d'écouler chaque année plus de 90 000 caisses de vins dans cent pays, soit 85 % de la production totale. Du coup, plutôt que de s'échiner à persuader les cavistes et les sommeliers trop peu réceptifs à leurs vins, les Hugel ont été parmi les premiers vignerons alsaciens à mettre leurs produits en ligne. « Et ça marche bien ! » se réjouit Étienne, qui respecte trop les combats de ses aïeux, à commencer par Émile Hugel, pour se plaindre.

Émile Hugel, le précurseur

Né pendant la guerre de 1870, ce personnage clé de l'histoire viticole de la famille est mort cinq ans après la fin de la Seconde Guerre mondiale. Il échappe, à trois mois près, à la conscription dans l'armée allemande pendant la guerre de 1914-1918. De sa naissance à sa disparition, cette figure du vignoble et de la vie politique locale a changé quatre fois de nationalité. Alsacien francophone et francophile, Émile Hugel est mort français. Il n'a que 14 ans et son frère Alfred 18, lorsque son père Frédéric-Émile Hugel disparaît en janvier 1884. Tandis qu'Alfred quitte Riquewihr pour devenir géomètre, Émile poursuit, lui, sa formation de tonnelier en France, en Suisse et en Allemagne. De retour en 1892, il reprend les vignes familiales et celles reçues en dot lors de son mariage avec Emma. À l'époque, le vignoble alsacien est dévasté par le phylloxéra, le mildiou et la maladie du vers (Cochylis). Après dix ans de labeur, Émile a l'opportunité de reprendre l'affaire de gourmettage (équivalent alsacien du courtier) et de négoce en vin. Il quitte la maison ancestrale que la famille avait habitée pendant cent trente ans pour s'installer rue de la Porte-Neuve, siège actuel de la maison Hugel. Mais la situation du vignoble ne s'améliore pas. Bien au contraire. De 1903 à 1910, la récolte ne représente en moyenne que le dixième d'une année normale. « C'était vraiment la misère noire », observe André Hugel. L'Alsace, redevenue française après 1918, doit de plus affronter la concurrence des autres régions viticoles. « Tout le vignoble était endetté à un degré dont on ne peut se faire une idée aujourd'hui », raconte dans son livre[1] Jean Hugel père, disparu en 1980. Pour tenir pendant les années difficiles, son père Émile élargit son activité de négoce aux vins du Sud-Ouest, avec l'aide de l'oncle de son épouse, négociant installé à Béziers. Quitte à être moins regardant sur la qualité des vins qu'il ne l'est pour l'Alsace !

La bataille contre les cépages hybrides

Courtier en vin, Frédéric-Émile est aussi pris à partie par les viticulteurs qui le rendent responsable de la mévente de leur production. Pour lui, les vins alsaciens souffrent surtout de leur médiocrité. Dans le combat contre le phylloxéra, les vignerons ont en effet replanté en masse des cépages hybrides. Plus résistants aux maladies de la vigne que les cépages nobles comme le riesling et le gewurztraminer, ils ont aussi des rendements beaucoup plus élevés. « À bas donc les cépages noah et autres vieux rossignols de l'hybridation, ainsi que tous les cépages produisant de fortes quantités de vins inférieurs », riposte Émile Hugel, vice-président des négociants et aussi maire de Riquewihr, dans le journal *Les Vins d'Alsace*[2].

Au lieu de faire « pisser la vigne », il achète, lui, des terres dans les coteaux aujourd'hui très réputés du Sporen et du Schoenenbourg qu'il complante en cépages nobles. « Certains collègues le prenaient un peu pour un fou. À l'époque, le Sporen n'était pour eux qu'un trou infesté par la maladie du ver », nous racontait peu avant sa disparition, en juin dernier, son petit-fils, Jean junior dit « Jeanny » Hugel, tandis que nous dégustons l'une de ses œuvres, un riesling sélection de grains nobles 1976. Certes, Émile Hugel n'a pas été le seul à porter le fer contre les hybrides, mais le combat a été long. L'Alsacien comptait encore un tiers de cépages hybrides en 1942. À l'époque, la maison Hugel survit.

À la conquête de Londres

Seul à la tête de son affaire, Émile Hugel fait entrer ses fils Jean et Alfred à ses côtés. Devenu maire de Riquewihr, entre les deux guerres, il souhaite se concentrer sur sa carrière politique et brigue ainsi le siège de député. « Mais il était protestant, et ses électeurs catholiques dans leur grande majorité. Et à l'époque, les curés prê-chaient pour le candidat de leur paroisse, même si mon grand-père était apprécié de tous, raconte André Hugel. Heureusement qu'il n'a pas été élu, car avec sa réputation de francophile, les Allemands ne l'auraient pas loupé plus tard. » Moins présent au quotidien mais toujours consulté pour les affaires importantes, Émile Hugel laisse ses fils Jean et Alfred prendre l'affaire en main. Aussi amoureux de la vie que du vin, Alfred s'occupe des vignes, quand il le veut bien. En réalité, Jean – père de Georges, « Jeanny », et André – est le vrai gestionnaire de la maison. L'entreprise est comme son enfant. « Il a même envoyé Georges et Jeanny chez leur tante Sophie terminer leurs études au lycée Pasteur de Neuilly pour ne pas les avoir dans les pattes », raconte André, alors trop jeune pour les suivre. À l'époque, la maison vend ses vins en Alsace et dans quelques restaurants parisiens réputés. Le vin est majoritairement livré en fûts. La vente en bouteilles reste marginale. Avec Jean Hugel père, l'entreprise commence à regarder vers la Grande-Bretagne. Londres est en effet la plate-forme pour vendre du vin dans le monde entier. « Or mon père parlait parfaitement anglais », précise André Hugel. Dès 1934, il signe ainsi sa première commande de l'Hôtel Savoy à Londres. La maison Hugel a déjà développé un solide courant d'affaires avec les Anglais alors que la menace d'une guerre avec l'Allemagne se précise.

Georges et « Jeanny » Hugel, soldats du Reich « malgré eux »

Le 14 juillet 1939, lors d'une cérémonie devant le monument aux morts de Riquewihr, leur grand-père Émile Hugel prononce un discours sans ambiguïté contre les Alsaciens émules du nazisme. Pointant le doigt vers le Rhin, il s'écrie alors : « Pour ceux d'entre vous qui n'aiment pas la France, le pont sur le Rhin est encore ouvert[3]. » Moins de deux mois plus tard, en septembre 1939, l'Allemagne envahit la Pologne. Les vendanges sont médiocres. Il a plu presque tout l'été. Dès 1940, la famille Hugel n'avait plus le droit de commercer, même avec les négociants allemands. Leurs vins étaient à l'entière disposition de l'armée du Reich. « Nous en avons profité pour leur refiler du 1939, le millésime le plus abominable du siècle ! » raconte André Hugel. Mais ces contrariétés viticoles n'étaient rien comparées aux terribles épreuves qui attendent Georges et Jean Hugel. Le 3 septembre, la France est en guerre avec l'Allemagne. En Alsace, en prévision d'une guerre de tranchées devant la ligne Maginot, toutes les communes situées le long de la frontière franco-allemande sont évacuées. Le 15 juin 1940, les Allemands attaquent la ligne Maginot. Le Bas-Rhin et le Haut-Rhin, où est situé le petit village de Riquewihr, sont réintégrés au pays de Bade. Pour Georges et Jeanny, rejoindre la résistance n'a jamais été une option. Ceux qui tentaient d'échapper à l'enrôlement de force dans l'armée allemande finissaient exécutés et leur famille risquait la déportation. Leurs craintes paraissaient d'autant plus justifiées qu'Émile Hugel était déjà repéré comme un ennemi par les Allemands, et que leur père Jean avait refusé de s'inscrire au parti nazi. « Le négociant viticulteur Hugel, à Riquewihr [...] – comme la plupart des notables du pays est un ennemi fanatique du pays. Hugel Jean, son fils [...] partage les sentiments de son père. Madame Hugel ne se serait entretenue avec ses enfants qu'en français et aurait injurié le Führer. Je suis convaincu que ce serait servir les intérêts du Reich et de l'Alsace si on faisait un exemple drastique sur un des membres de la clique francophone et germanophobe à l'extrême », écrit le 8 août 1940 le capitaine Kautsch de la police de sûreté allemande de Colmar. Heureusement, cette recommandation n'est pas mise à l'œuvre. Mais le 30 juin, les Allemands ordonnent la fermeture de la maison Hugel. Près de 100 000 Alsaciens, surnommés ensuite les « malgré-nous », sont intégrés de force dans l'armée allemande. Comme il a entamé des études de médecine, Jeanny se retrouve brancardier dans la Werhmacht, en Italie du Nord. Tandis que Georges est envoyé sur le front russe, où plus de 1 million de personnes ont déjà péri. « Vous ne pouvez pas imaginer ce que c'était. Nous étions paralysés, incapables de ressentir quoi que ce soit. Je ne voulais pas penser à la maison, à la famille, aux vignes. C'était beaucoup trop douloureux », racontera feu Georges

Hugel[2], qui n'est pas près d'oublier l'odeur de la mort, les massacres des commandos de l'*Einsatzgruppe* (groupe d'intervention), les villages pillés et les pendus qui se balançaient aux arbres. Atteint par des éclats d'obus pendant la retraite de son unité, menacé de septicémie et terrifié à l'idée d'être capturé par les Russes qui ne s'embarrassaient pas de blessés, il est récupéré par la Croix-Rouge qui le place dans un hôpital de Katowitz, en Pologne. « Mon père est allé le chercher et a réussi à le faire admettre à l'hôpital militaire de Ribeauvillé. En septembre 1944, il a été libéré de toute obligation militaire par les Allemands », raconte André Hugel. Tandis que ces derniers commençaient à battre en retraite, Jeanny faussait compagnie à son régiment alors basé près du lac de Côme pour rejoindre l'Alsace. Mais il dut se cacher encore un moment avant de retrouver les siens. Malgré son état encore faible, Georges Hugel décide alors de s'engager dans la Ire armée française et de participer à la libération de l'Allemagne et de l'Autriche.

La libération de Riquewihr

Le 5 décembre 1944, les rues de Riquewihr sont investies par les chars de l'armée américaine. Tiré à quatre épingles, Émile Hugel, 75 ans, fête l'événement avec une partie de sa famille. Georges et Jeanny ne sont pas encore rentrés. Les réjouissances sont brèves. La contre-offensive des Allemands menée une semaine plus tard s'avère dévastatrice pour Riquewihr et ses habitants, même si la ville reste sous contrôle allié. La cour de la maison Hugel sert alors de poste de secours et de morgue. Puis, le 19 mars 1945, l'Alsace est définitivement libérée. Une fois l'armistice signé, les villes récupèrent leur nom français, tandis que les Alsaciens peuvent à nouveau s'exprimer en français et porter le béret, deux choses interdites pendant l'annexion allemande.

Ravagé par les chars américains qui avaient fait exploser les mines allemandes sous leurs chenilles, le vignoble alsacien est dans un piteux état au sortir de la guerre. D'autant plus que les viticulteurs ont été obligés d'arracher leurs vignes hybrides avec l'aide des jeunesses hitlériennes. « Les Alsaciens le prirent comme le seul et unique service rendu par l'Allemagne à l'Alsace », commentent Don et Petie Kladstrup[3].

De retour dans les vignes

Le 25 avril 1945, Émile Hugel rouvre le livre d'or de la maison Hugel, lors d'une visite du gouverneur de la Banque de France, dont il était administrateur. Sur la page qu'il présente à son invité figure une seule autre date : 14 avril 1940. « Vous voyez, nous n'avons pas été obligés de couper des pages ! » lâcha alors le toujours malicieux Émile Hugel. Enfin réunie, la famille allait pouvoir se consacrer à ses vignes et à la relance commerciale de l'affaire. Aidée de prisonniers de guerre allemands, la famille Hugel – à l'exception de Georges encore dans l'armée française – se démène pour remettre la vigne en état. Mais le gel de mai 1945 compromet la quasi-totalité de la vendange. Heureusement, les Hugel avaient réussi à mettre de côté des 1942 et des 1943, ce qui leur permet de faire entrer un peu d'argent. Après un stage de formation à Bordeaux chez Ginestet et un séjour en sanatorium pour soigner une pleurésie, Georges retrouve enfin ses deux frères, Jeanny et André. Pendant plusieurs années, la société de négoce est ainsi codirigée par le trio sous la férule de Jean Hugel et le regard plus indulgent de l'oncle Alfred.

Agrandissement par étape des bâtiments, modernisation des équipements, mise en place d'une chaîne d'embouteillage... doucement mais sûrement, les Hugel transforment une activité artisanale en une petite entreprise viticole et entament leur développement à l'exportation. « Sans le soutien fidèle de notre agent à Paris puis à Londres et enfin à New York, Michel Dreyfus, le démarrage de nos ventes à l'étranger aurait été beaucoup plus laborieux, précise André Hugel. Nous lui devons beaucoup. »

Sous l'impulsion de Jeanny, les vignes sont reprises en main. « Mon oncle Alfred était un homme charmant, mais le vignoble était délaissé. J'ai remis tout ça au carré », raconte feu Jeanny Hugel, alors impatient de pouvoir mettre en pratique les cours de ses professeurs de l'Agro de Montpellier. Soucieux d'améliorer la qualité, les Hugel abandonnent totalement le négoce de vins en vrac et préfèrent vinifier eux-mêmes du raisin qu'ils achètent dans des bons coins à des viticulteurs sérieux, en plus de ceux produits dans leur domaine. À la fin des années 1970, les vins alsaciens affichent encore une qualité irrégulière. Après les années de pénurie, les viticulteurs ont planté du gewurztraminer en masse. Du coup, les prix chutent. Nombre de vignerons jouent alors la carte des vins doux, les vendanges tardives (VT) et les sélections de grains nobles (SGN), alors de plus en plus prisés par les consommateurs. Mais, là encore, la qualité n'est pas toujours au rendez-vous. Produits à partir de raisins botrytisés, atteints par une pourriture dite « noble » qui élimine l'eau du grain pour ne laisser que le sucre, ces nectars nécessitent beaucoup plus de raisins qu'un vin classique pour obtenir la même quantité de jus. « Je me souviens d'avoir attendu plus d'une heure et demie avant de voir la première goutte sortir du pressoir », se souvient Marc Hugel.

Jeanny Hugel : les raisins de sa colère

« Un homme de cœur, un grand monsieur du vignoble... un infatigable ambassadeur de la vigne et du vin ». De l'œnologue anglaise Jancis Robinson à son ami Anthony Barton, propriétaire du Château Léoville Barton, en passant par les plus grands noms du vin : les témoignages n'ont cessé d'affluer sur le site de la maison Hugel après le décès, le 11 juin 2009, de Jeanny Hugel, à presque 85 ans. Mais si aujourd'hui son apport à la viticulture alsacienne et mondiale est unanimement reconnu, son combat fut rude. Soucieux d'améliorer la qualité des vins de sa région, ce vigneron au caractère bien trempé que nous avions eu la chance de rencontrer en mars 2009 s'était d'abord fait beaucoup d'ennemis dans sa propre région en voulant encadrer la production des vins alsaciens dits de « vendanges tardives » (VT) ou de « sélections de grains nobles » (SGN). Certaines années, les raisins vendangés ne présentaient pas, en effet, un taux de sucre naturel donc un potentiel alcoolique suffisant pour faire des VT et surtout des SGN. Beaucoup de vignerons ajoutaient donc massivement du sucre pour atteindre le degré d'alcool et le taux de sucre résiduel requis. Autrement dit, ils chaptalisaient. Grâce à cette manipulation, les producteurs peu scrupuleux pouvaient mettre sur le marché des grandes quantités de VT ou de SGN de qualité médiocre à des prix cassés. Pour Jeanny Hugel, cette concurrence déloyale était inacceptable et nuisible à la réputation des vins d'Alsace. « Si les gens étaient tous honnêtes, nous n'aurions pas eu besoin de loi », analysait-il, alors que nous dégustions justement un riesling sélection de grains nobles 1976. Épaulé par quelques amis vignerons, Jeanny Hugel finit par faire passer le 1er mars 1984 une loi très stricte sur les VT et les SGN. « Il serait exagéré de dire que mon oncle a rédigé le texte. Pourtant, sans lui, l'interdiction de la chaptalisation n'y figurerait pas ! » observe son neveu Jean-Philippe. Aujourd'hui, plus personne ne conteste cette réglementation qui a permis aux sélections de grains nobles (SGN) alsaciens de se hisser au niveau des très réputés Beerenauslese allemands et de surpasser les sauternes qui peuvent, eux, être chaptalisés.

Jeanny Hugel estimait également que le combat pour la qualité devait aussi être étendu aux premiers crus d'Alsace. Près de 60 % des vignes détenues par les Hugel sont situées en grands crus. Pourtant, les bouteilles Hugel ne mentionnent jamais cette donnée, *a priori* synonyme de qualité. « À partir du moment où les gens peuvent chaptaliser et faire presque n'importe quoi, ce n'est pas une garantie de qualité, tranchait Jeanny. Donc, pour le moment on vend du Hugel et cela nous a plutôt réussi jusque-là. » Bien sûr, Jeanny Hugel n'aurait pas pu mener ses combats sans le soutien indéfectible de l'ensemble de la famille.

La sacro-sainte réunion du lundi soir

Comme leurs aînés, Jean-Philippe, Étienne et Marc se retrouvent chaque lundi à 18 heures pour faire le point et trancher sur les sujets importants. « Même si Étienne est parfois absent plusieurs semaines d'affilée, cette réunion reste incontournable », précise Jean-Philippe. Toutes les décisions sont prises à l'unanimité. « Jamais à deux contre un, assure Étienne. Quand l'un de nous trois n'est pas d'accord, alors cela ne se fait pas. » Très collégiaux dans le boulot, ils évitent néanmoins de rejoindre leurs épouses, comme le faisait la génération précédente, après la réunion du lundi. « Mélanger la vie privée et la vie professionnelle peut être source de tensions, comme cela fut parfois le cas entre mon père et ses frères », estime Jean-Philippe Hugel. De même, les périodes de transmission du pouvoir entre les générations se sont dans l'ensemble relativement bien passées. Entrés dans l'entreprise au début des années 1980, Marc, Étienne et Jean-Philippe ont pris le relais progressivement. « Lorsque nous sommes arrivés dans l'entreprise, chacun de nous est entré dans un lent processus d'apprentissage pour s'imbiber des différentes facettes du métier et se faire sa place », raconte Étienne, dont l'adolescence baba-cool a quelque peu inquiété son père. Pas simple, non plus, pour Marc Hugel de prendre la suite de son oncle Jeanny :

« Lorsque je suis revenu d'Australie, j'ai voulu mettre en place un système de contrôle de température. Pour mon oncle, c'était inutile, cela ne servait à rien [...] Il a fini par me laisser faire et j'ai pu vinifier moi-même dès 1984. »

De même, quand Étienne, Marc et Jean-Philippe se sont mis en tête de produire du pinot noir, Jeanny s'est montré sceptique ! « Nous avons alors décidé d'acheter nous-mêmes des vignes en pinot noir et sorti une cuvée qui s'appelle Les Neveux », raconte Jean-Philippe. « Leur pinot noir est bon, mais il revient très cher à produire », rétorquait Jeanny.

Mais si les passages de relais se sont bien passés, c'est aussi grâce à un système juridique fondé sur la séparation entre la société de négoce et la propriété des terres, mis en place par Émile Hugel et amélioré par ses descendants. À la tête de l'entreprise depuis la retraite de la génération précédente, il y a une petite dizaine d'années, Jean-Philippe, Étienne et Marc détiennent la majorité de Hugel & Fils. Société de négoce pur, elle achète la totalité de la production à une autre structure propriétaire ou locataire des terres qu'elle exploite. Sur les 28 hectares concernés, une petite partie seulement est donc détenue par la génération aux commandes. Le reste appartient aux héritiers des générations précédentes ou à leurs propres sœurs qui ne sont pas impliqués dans la gestion de l'entreprise. « La location des terres fait l'objet d'un contrat à long terme, qui représente 40 % du revenu de la vigne », précise André Hugel. À cela s'ajoutent des baux signés avec des propriétaires non familiaux. En particulier, la commune de Riquewihr, qui a reçu en donation dans les années 1950 un patrimoine viticole conséquent d'une riche héritière proche d'Émile Hugel, longtemps maire de la ville. Depuis la fin de la guerre, la surface exploitée en propre par les Hugel a, bien sûr, augmenté. « Nous avons donc opté pour une politique de location des terres, qui a notamment l'avantage de donner un droit de préemption sur le vignoble au bout de trois ans en cas de vente », explique André Hugel. Les membres du clan aux affaires ont aussi racheté des terres aux autres héritiers de la famille. « En revanche, nos voisins ne venaient jamais nous voir quand ils souhaitaient vendre », s'amuse André Hugel. Pas plus que la SAFER (Société d'aménagement foncier et d'établissement rural), organisme public dont la mission n'est pas à l'évidence de renforcer les puissants négociants comme Hugel. Soucieux de conforter leurs positions en Alsace, les Hugel ne se sont pas pour le moment investis en dehors de leur terroir. « Pour bien gérer, il faut être sur place », tranchent-ils en chœur.

Hugel contre Trimbach : une guerre qui ne dit pas son nom

Désireux d'améliorer la qualité des vins, les Hugel s'attachent à défendre becs et ongles leurs positions. Mais parmi leurs concurrents, ils comptent un adversaire de taille : les Trimbach. « On a la même gamme de vins. Nombre de nos clients considèrent que nous sommes interchangeables », constate Jean-Philippe Hugel. Dans la région, la rivalité entre les deux familles cousines n'est pas un mystère. « Une lutte sans pitié », observe un concurrent qui compte les points. Et l'entrée des Hugel dans l'association Primum Familiae Vini (PFV) n'a pas arrangé leurs relations. Aujourd'hui installée à Ribauvillé, la famille Trimbach, originaire elle aussi de Riquewihr, revendique une ancienneté viticole qui remonte au XVIIIe siècle et douze générations de vignerons. « Les Trimbach sont très contrariés de ne pas avoir été choisis pour rejoindre l'association à la place de leurs cousins », confie l'un de ses membres. Tandis qu'un autre membre de PFV nous raconte comment Jean Trimbach avait remplacé, lors d'une visite chez lui, la bouteille Hugel par une des siennes dans la caisse « PFV » qui regroupe les flacons des onze membres de l'association. « Heureusement que je m'en suis aperçu ! » Mais plus encore que la rivalité avec les Trimbach, les Hugel se demandent si leur affaire pourra rester familiale encore longtemps.

Pas de chèque en blanc pour la treizième génération

« Mon grand-père Jean disait : "Le jour où les fainéants et les incompétents n'auront pas trouvé de place ailleurs que dans l'entreprise, il sera temps de vendre" ! » raconte Étienne Hugel. Pour le moment la question ne se pose pas. Il est en effet trop tôt pour préjuger du tropisme des membres de la génération suivante pour le vin et de leur capacité à mener de concert l'affaire familiale. En réalité, le problème est ailleurs. Jusqu'à présent, les transmissions se sont faites sans trop de problème. Même si les vignes détenues par Émile Hugel décédé en 1951 sont restées en indivision entre ses héritiers pendant... quarante-cinq ans ! « La répartition s'est faite directement sur la génération *n +1*, c'est-à-dire mon père et ses deux frères », précise Jean-Philippe. « Pour ne pas avoir de problème d'indivision et payer moins de droits de succession, nous avons en fait déjà hérité de nos parents », poursuit-il. Pourtant, même s'ils ne le disent pas à haute voix, Étienne et son cousin Jean-Philippe sont lucides. La treizième génération compte déjà 22 membres. La dilution de l'actionnariat de l'entreprise commerciale paraît inéluctable. À cela s'ajoute la question de la transmission des vignes. « Il risque d'y avoir un problème de montant de chèque pour ceux qui voudront prendre notre suite », observe Jean-Philippe. Autrement dit, le passage de la douzième à la treizième génération des Hugel s'annonce compliqué.

1. « Les vins d'Alsace dans la gastronomie », livret de la maison Hugel.
2. *Chronique de la grande guerre à Riquewihr*, André Hugel – Éditions J. D. Reber, 2003.
3. *Wine and War, The Nazis and the Battle for France Greatest Treasure*, Don and Petie Kladstrup – Bantam Books Date, 2002.

Les meilleurs vins du domaine Hugel de ces trente dernières années

- Gewurztraminer Hommage à Jean Hugel : 1997
- Gewurztraminer Jubilée : 1997, 2005
- Gewurztraminer sélection de grains nobles « S » : 1997
- Gewurztraminer sélection de grains nobles : 1998, 2001, 2002, 2005
- Gewurztraminer vendange tardive : 1998, 2001
- Pinot noir Les Neveux : 2003
- Riesling Jubilée : 1997, 2004, 2005
- Riesling sélection de grains nobles « S » : 1997, 2000
- Riesling sélection de grains nobles : 1998, 2000
- Riesling vendange tardive : 1995, 1998, 2001
- Pinot gris vendange tardive : 2001
- Tokay-pinot gris Hommage à Jean Hugel : 1997, 1998
- Tokay-pinot gris Tradition Hugel : 2000

Egon Müller (Allemagne) : plus cher que château d'Yquem

Adjugée à 4 430 euros ! À l'annonce de ce prix astronomique pour une bouteille de Scharzhofberger Trockenbeerenauslese 1997, prestigieux vin liquoreux de la maison Egon Müller Scharzhof, le néophyte sursaute. Il est le seul ! Les habitués de la très réputée vente aux enchères de Trèves, en Allemagne, notent juste que ce flacon n'a pas battu, ce 28 septembre 2008, le record (4 700 euros) établi par le Trockenbeerenauslese (TBA) 1994 du domaine. N'empêche, avec cette somme, l'amateur de très grandes bouteilles pourrait s'offrir cinq flacons de Château d'Yquem 2006, son rival français de Sauternes, une caisse du Domaine de la Romanée-Conti 2006 en primeur, ou bien 4 « quilles » de Petrus 2006 ! Du coup, les stars du vignoble français, déjà considérées comme inabordables, passent presque pour de bonnes affaires. Mais dans le vin comme dans le luxe, ce qui est très rare est très cher. Or, le nectar du Domaine Egon Müller est extrêmement rare, car sa production dépend des caprices de la nature. Obtenir une concentration de sucre aussi élevée (plus de 300 g/l) exige un botrytis, pourriture dite « noble », qui attaque la peau du raisin mais laisse intact l'intérieur de la baie asséchée et chargée de glucose. « Il suffit d'un rien, d'une averse trop abondante à un moment critique pour que le raisin ne présente pas le niveau de maturité et de sucre idéal pour ce type de vin », explique le maître des lieux, Egon Müller « IV » !

Produit seulement seize fois sur quatre-vingt-huit en quantité infinitésimale (rarement plus de 48 bouteilles par an), les TBA sont conservés par leurs premiers acheteurs. « Soit ils les boivent, soit ce sont leurs héritiers », précise Egon Müller, alors que nous dégustons un Auslese 1975, un vin de catégorie inférieure (à 300 euros la bouteille, tout de même !), aux envoûtants arômes d'orange et d'amande. Issus d'un vignoble de 8 hectares accroché aux pentes ardues et schisteuses du Scharzhofberger en surplomb du manoir familial de Wiltingen, à 15 kilomètres de Trèves, les vins du domaine étonnent l'amateur par leur acidité élevée et un taux d'alcool très bas (autour de 8°). Une légèreté exceptionnelle pour des vins aussi liquoreux, qui fait leur originalité par rapport à leurs plus sérieux rivaux comme les sauternes, les tokaji (ou tokay) hongrois et autres sélections de grains nobles alsaciens.

Les vins des Müller – descendants d'une dynastie fondée par Jean-Jacques Koch en 1797 –, sont même considérés par certains dégustateurs professionnels comme l'équivalent en riesling de la Romanée-Conti pour le pinot noir. Sur les 8,5 hectares de Scharzhofberger, une partie de la production provient, en outre, de quelque 3 hectares de très vieilles vignes plantées en 1870 par Egon Müller, l'arrière-arrière-grand-père d'Egon IV. Alignés en rangs serrés – 10 000 pieds/ha –, ces ceps plus que centenaires affichent du coup un rendement très faible mais produisent des raisins idéaux pour les vins liquoreux.

« Nous ne savons pas si c'est dû à leur âge, au fait qu'ils soient non greffés, ou aux deux », sourit Egon Müller qui nous fait le plaisir de partager un repas familial, des asperges accompagnées d'un très charmeur Riesling Kabinett 2004. Bien sûr, le domaine doit surtout sa réputation à ses Trockenbeerenauslese, Beerenauslese, Auslese et ses fameux Eiswein, « vins de glace » issus de baies gorgées de sucre et récoltées au moment des premières gelées. Mais la famille produit aussi des Riesling Kabinett et des Spatleese provenant en partie de leurs autres vignes situées à Saarburg et à Wawern. Dans les bonnes années, la production des très grands vins représente la moitié du chiffre d'affaires annuel, qui peut ainsi varier entre 1 et 2 millions d'euros d'une année sur l'autre en fonction de la qualité des millésimes. « Mon père disait toujours qu'un très grand cru de TBA permettait d'avoir de la trésorerie pour survivre pendant les mauvaises années », se souvient Egon Müller IV, tandis que son héritier presque désigné, Egon « V », âgé de 8 ans seulement, joue avec son chien. À 50 ans, Egon Müller IV est en effet l'unique propriétaire du domaine. Marié à une Franco-Allemande, il sait aussi qu'il ne serait sans doute pas à la tête de ce domaine sans la Révolution française.

Quand un moine devient vigneron

Jean-Jacques Koch a 35 ans lorsqu'il achète aux enchères, le 3 juin 1797, les vignobles de l'abbaye de Saint-Marin pour 45 000 livres. Alors que ses anciens frères ont fui leur monastère, après l'annexion de la Moselle par la France en 1795, l'ancêtre des Müller était, lui, resté pendant que l'ensemble des biens des églises mosellanes étaient « sécularisés », nationalisés comme cela avait été le cas en France à la chute de l'Ancien Régime. À l'époque, ce moine devenu prêtre catholique de Wiltingen avait été soupçonné d'avoir volé de l'argent à son abbaye pour payer le vignoble. Mais des historiens ont ensuite démontré que cette accusation était infondée. Selon les Müller, Jean-Jacques Koch aurait emprunté la somme auprès de quelques connaissances parisiennes, moyennant un remboursement sur vingt ans. « Nous savons peu de choses sur le vignoble à l'époque », concède Egon Müller. Huit ans après avoir acquis le vignoble, il épouse Anna Maria Klomes, à la stupeur générale des habitants de Wiltingen, choqués de voir un prêtre prendre femme. À sa mort en 1830, ses sept enfants cogèrent le vignoble de 18 hectares. Après s'être copieusement bagarrés, ils récupèrent chacun 1/7e de la partie est du Schartzofberg « historique », considérée comme la meilleure, et 1/7e de la partie Ouest. Mais l'une des filles, très pieuse, qui ne digère pas qu'un ancien religieux comme son père ait pu se marier, décide de léguer ses terres à un couvent dépendant de l'évêché de Trèves. « Nous sommes toujours voisins, et depuis, l'église de Trèves a encore accru son patrimoine viticole », précise Egon Müller. Parmi les héritiers de Jean-Jacques Koch, trois enfants ont gardé leur part de vignoble, dont une de ses filles qui a épousé Félix Müller, l'arrière-arrière-grand-père de l'actuel propriétaire du vignoble.

Quand un policier devient vigneron

Lorsqu'il rencontre sa femme en 1815, Felix Müller est le chef de la police de Trèves. Originaire de la Forêt-Noire, il a servi dans les armées napoléoniennes puis prussiennes, ce qui lui a donné l'occasion de sillonner le continent européen, de l'Italie à la Russie en passant par l'Espagne. Les vins mosellans sont alors méconnus et moins réputés que leurs concurrents allemands de Rhénanie et encore moins que le tokaji hongrois, devenu depuis plus d'un siècle la boisson des empereurs et des princes. Felix Müller ignore tout de la viticulture, mais il aura de la chance. Lorsque cet homme de loi très respecté à Trèves prend en main un vignoble dont ses héritiers ignorent toujours la superficie exacte à l'époque, la Moselle entame une période de prospérité inconnue depuis longtemps. Après avoir récupéré la Moselle, les Prussiens ont, en effet, décidé de favoriser cette région viticole. Des mesures douanières ont ainsi été adoptées afin de lui donner un accès privilégié par le Rhin à l'Allemagne du Nord, à la Prusse elle-même, aux Pays-Bas et même à la Grande-Bretagne. En outre, et surtout, Felix Müller va bénéficier d'une météo exceptionnelle dans la région, qui donne une série de six millésimes excellents. « Les vins de l'époque contenaient des sucres résiduels, mais je n'affirmerais pas qu'ils provenaient de raisins très botrytisés, précise Egon Müller. Les propriétaires de vignobles ne faisaient pas eux-mêmes le travail dans la vigne. » Du coup, le nombre d'ouvriers viticoles explose de près de 40 %, entre 1817 et 1840. Pour la première fois, souligne l'historien Hugh Johnson[1], la vigne escalada jusqu'à leurs crêtes les pentes surplombant les fleuves de la Sarre et de la Moselle. À l'instar des Müller, nombre de bourgeois avaient investi dans les meilleurs vignobles. Mais après avoir connu un climat très clément dans les années 1820, la Moselle dut faire face à une météo calamiteuse qui produisit une série de millésimes catastrophiques durant les deux décennies suivantes.

Le début de la reconnaissance internationale

À l'instar des autres vins de la Moselle, ceux des Müller restent alors largement méconnus en Allemagne comme dans le reste du monde. Mais après la guerre de 1870, les choses commencent sérieusement à bouger. Marié à l'héritière d'une très riche famille de marchands de Cologne en 1888, Egon Müller bénéficie alors du soutien de son beau-père qui finance le rachat de plusieurs parcelles appartenant à d'autres descendants de Jean-Jacques Koch. Il double ainsi la superficie de son vignoble pour atteindre les 18 hectares, qu'il replante ensuite en riesling. « Les 3 hectares de vignes non greffées que nous possédons encore ont été plantés à cette époque », précise Egon IV. Très dynamique, son arrière-grand-père décide, en outre, de parcourir le monde pour présenter ses vins dans les grandes foires internationales. Pour cela, il n'hésite pas à prendre le paquebot pour se rendre aux États-Unis. Ses efforts sont récompensés par une première médaille à Chicago en 1893, puis à l'Exposition universelle de Paris sept ans plus tard, à Saint-Louis en 1904 et à Bruxelles en 1911. « Les années folles ont été une période très faste pour nos vins, qui ont acquis à ce moment-là une reconnaissance internationale », observe Egon IV. Mais si les vins avaient gagné en renommée, Egon Müller était, lui, réputé pour son caractère imbuvable. Si Felix, son fils aîné, s'en accommodait, son second fils, Egon II, grand-père d'Egon IV, l'avait carrément fui en devenant forestier à Sarrebruck. Pour ne rien arranger, Egon Müller avait, en outre, trouvé le moyen de se fâcher avec les principaux négociants de sa région au moment même où le vin était touché de plein fouet par la crise des années 1930. Lors du partage de l'héritage entre ses deux fils, Egon Müller ne leur fit pas de cadeau. « Il n'a laissé aucun stock de vin à mon grand-père et pas un mark de trésorerie », raconte Egon Müller. « Sa chance fut que les négociants souhaitaient l'avoir, lui, comme interlocuteur ! » Felix, qui avait hérité d'un domaine jumeau, n'eut pas le loisir d'en profiter. Il mourut au tout début de la Seconde Guerre mondiale. Son vignoble fut vendu par ses héritiers aux Hospices de Trèves. Le destin viticole d'Egon II fut aussi des plus bref.

Egon Müller II et les nazis

Blessé lors de la Première Guerre mondiale, Egon Müller échappe à la mobilisation en 1939. Connu pour son caractère indépendant, il se tient à l'écart des membres du parti nazi qui contrôlent alors Wiltingen. Mais ce choix n'est pas sans conséquence pour son domaine. Seuls les vignerons membres du parti ont, en effet, le droit d'avoir des ouvriers agricoles, des engrais, du cuivre pour le traitement de la vigne, des bouteilles et des bouchons. Egon Müller II doit donc s'y coller lui-même, ce qui n'avait pas été vraiment le cas de son père, toujours entouré d'un bataillon de journaliers pour l'entretien du vignoble. À la mi-août 1941, il est victime d'un accident mortel de tracteur. Venu en permission, son fils Egon III, alors soldat dans une unité de cavalerie de la Wehrmacht, va se recueillir sur sa tombe quelques semaines plus tard dans le cimetière de Wiltingen. Où, contrairement à ses dernières volontés, son père a été enterré. Après négociation avec les autorités, son fils obtint le droit de transférer ses restes au domaine, le cimetière familial où il repose aujourd'hui. L'hostilité de la famille Müller à l'égard des dirigeants locaux du parti nazi était d'autant plus forte que ceux-ci ne cachaient pas leur projet de préempter les plus prestigieux domaines viticoles de la région. « Et, bien sûr, nous étions sur la liste », raconte Egon Müller. Par chance, les nazis n'eurent pas le temps de mettre leur plan à exécution. Après le décès d'Egon II, le domaine fut géré par son épouse et ses deux filles pendant que son fils continuait à se battre dans l'armée allemande.

Un nouveau départ

Lorsqu'il revient de la guerre, Egon III n'est pas réellement surpris de découvrir un vignoble en aussi piètre état. Les 8 hectares que possédaient les Müller ne donnèrent que 800 litres de vin. Rare mais bon ! La situation économique de l'Allemagne était tout aussi désastreuse. Egon III a la chance de posséder un tracteur qu'il met à la disposition des autres agriculteurs pour transporter du bois. En échange, ceux-ci viennent l'aider dans ses vignes. Alors sous administration française, la Moselle survit grâce à une économie de troc jusqu'à la réforme économique allemande de 1947, qui instaure le mark. Dès son retour, Egon III en profite pour suivre des cours de viticulture à Trèves pendant l'hiver, trois années durant, et embauche un chef de culture. La tâche est immense. Il faut en effet réparer la maison et remettre le vignoble en état. Après le millésime 1945, les suivants ne sont pas bons. Le raisin, qui n'est pas assez mûr et encore moins botrytisé, est vendu en vrac à des producteurs de Sekt, mousseux allemand de qualité médiocre, qui l'utilisent pour faire le vin de base. Alors que les concurrents arrachent les vignes, plantent des clones et font entrer la technologie dans les chais, Egon Müller III joue la carte inverse. Pas question, en effet, d'arracher les vieilles vignes plantées en rangs serrés. Son rêve est aussi de pouvoir produire des TBA, ces Beerenauslese de grande qualité. Très difficiles et très coûteux à produire, ces vins n'étaient pas considérés comme typiques de la Moselle. Même les professionnels ne savent pas exactement quand et comment les vignerons de la région ont commencé à produire des vins à partir de raisins botrytisés ! « Le plus ancien Auslese du domaine remonte à 1921. Il a été vinifié à l'époque de mon arrière-grand-père. Ce vin, très rare à l'époque, est beaucoup moins sucré que ses équivalent récents », observe Egon IV. Mais il fallait des circonstances climatiques exceptionnelles pour le produire. Le vignoble d'Egon Müller est, en outre, trop petit pour en vivre décemment. Dès 1954, Egon III rachète 3 hectares à une famille locale dans l'appellation, mais il doit renoncer trois ans plus tard à sa tentative de rachat du domaine Felix Müller. Associé dans l'opération, son cousin Karl Koch se désiste, et la propriété est finalement reprise par les Hospices de Trèves.

L'année 1971 marque un tournant. Pour la première fois en cinquante ans, les raisins sont suffisamment à point pour produire un TBA. Doucement mais sûrement, le domaine commence en outre à faire parler de lui avec l'exceptionnel 1976. Si la sortie d'un TBA ou d'un Beerenauslese relevait du miracle de la nature jusqu'à la fin des années 1970, la donne va changer avec un tiercé de millésimes remarquables en 1988, 1989 et 1990. « Pour la première fois, la maturité des raisins a été superbe plusieurs années de suite », souligne Egon Müller IV, qui voit là un premier signe du réchauffement climatique. Beaucoup plus à l'aise financièrement, Egon III peut se permettre de jouer la carte d'une viticulture fondée sur l'utilisation d'engrais naturels et de traitements quasi bio de la vigne. Au début des années 1990, il souhaite régler au plus vite sa succession pour ne pas faire revivre à ses trois fils Berthold, Marcus et Egon les affres de la succession que lui a connus. À la mort de sa mère, Egon III a, en effet, hérité de la totalité du domaine. Sa sœur Marianne, très active sur le domaine pendant la Seconde Guerre mondiale, contesta alors la succession. Déboutée en justice, elle resta fâchée avec son frère. Pour Egon III, c'est son fils Egon IV, qui a fait des études à l'Institut d'œnologie de Geisenheim avant de rejoindre son père au domaine, qui doit prendre sa suite. Mais pour le faire dans les meilleures conditions possibles, il doit hériter de la totalité du domaine. Ses deux frères, qui ont entamé une carrière dans la banque, acceptent de renoncer à leur part contre un dédommagement. Mais le cash dont dispose le père (Egon III) est loin de représenter la valeur de leur part dans le domaine. « Ils ont quand même accepté, et je leur en serai éternellement reconnaissant. Même s'ils ont sans doute gagné plus d'argent dans la banque que moi avec le domaine ! » raconte Egon Müller IV, qui souhaite que cela se passe aussi bien entre son fils, sa fille et, qui sait, d'autres enfants à venir. Après plus d'une décennie de copilotage avec son père, Egon IV se retrouve, depuis le décès de ce dernier en 2001, désormais le seul maître à bord.

Egon Müller IV, le Japonais de Wiltingen

Ce mercredi 6 mai 2009, Egon Müller, plutôt réputé pour son tempérament zen, semble particulièrement tendu lorsque nous lui parlons au téléphone. « La nature a pris de l'avance et nous sommes très en retard dans les travaux de la vigne », concède-t-il, pressé d'y retourner. Pour lui, pas de doute, le vin se fait d'abord dans la vigne, et sa qualité dépend principalement des caprices de la météo. « Autrefois, on parlait plus du vignoble et moins des vignerons », ajoute-t-il. Bien sûr, il garde un très bon souvenir des rencontres avec quelques grandes figures du vin, en particulier lors d'un stage à Bordeaux au début des années 1980, avec Alexandre de Lur-Saluces, lorsque celui-ci pilotait Château d'Yquem, et May-Éliane de Lancquesaing, alors propriétaire de Pichon Longueville Comtesse de Lalande. Marié à une Franco-Allemande, ce quinquagénaire né en 1959, un des bons millésimes du domaine familial, estime aussi que ce n'est pas lui qui produit le meilleur riesling non liquoreux, mais son ami le vigneron alsacien Jean Trimbach avec sa cuvée Clos Ste Hune. Toujours prêt à explorer d'autres régions viticoles, et très au fait des nouvelles technologies, Egon Müller estime que l'amélioration de la qualité ne peut se faire sans le respect et la compréhension des traditions locales. « Lorsque j'ai fait un stage au Japon dans les années 1980, les vignerons m'ont demandé des conseils pour améliorer la qualité. Ils utilisaient des gros piliers pour le palissage de la vigne, et les feuilles étaient si abondantes qu'elles cachaient complètement le raisin en dessous, l'empêchant de mûrir correctement. Cela semblait aberrant. Mais ce système était conçu pour résister à la saison des pluies, au soleil de septembre qui brûlait les baies et aux cyclones, se souvient Egon. Là, j'ai compris que les traditions ancestrales avaient souvent leur logique et qu'il fallait les comprendre pour mieux les faire évoluer. » Pour lui, le vin est d'abord un produit qui doit rester le plus naturel possible. « Autrefois, faire du vin de glace n'était pas difficile en soi. Il fallait se lever tôt et avoir de la chance avec la météo pour que l'apparition du gel coïncide avec une maturité optimale du raisin, observe-t-il. Aujourd'hui, il est même légal de faire du vin de glace à partir de raisins issus d'une congélation purement technologique. Cela ne m'intéresse pas. En plus, je pense que cela donne des vins moins originaux ! » Partisan d'une viticulture qui bannit les engrais chimiques au profit des traitements naturels de la vigne, Egon Müller cultive son domaine avec une minutie digne d'un jardin à la japonaise. Sans rejeter pour autant les innovations techniques. « Du temps de mon père, nous n'utilisions que des fûts en bois, même pour notre vin d'entrée de gamme. Je suis passé à l'Inox. De même, lorsqu'il le faut, je n'hésite pas à utiliser la technologie pour refroidir les jus », précise-t-il. Pour lui, l'amélioration de la qualité s'explique principalement par le réchauffement climatique qui permet d'obtenir plus régulièrement des raisins de pourriture noble. « Mais vous savez, notre réussite tient à peu de choses. Il suffit qu'il pleuve beaucoup au moment crucial pour que la pourriture noble devienne de la pourriture grise », observe-t-il avec humilité.

Une succession programmée ?

Contrairement à nombre de vignerons « terroiristes », Egon IV ne s'enferme pas dans une vision normative du vin. « Prenez les Australiens, ils se disent : "Je veux faire tel type de vin. Comment y parvenir ?" Ensuite, ils mettent toute la technologie possible pour y arriver. Les Européens raisonnent de façon inverse. Ils mettent en avant l'idée que le vin doit d'abord être l'expression d'un terroir et d'une tradition. Les tenants de l'une ou de l'autre approche ont des arguments pertinents. Mais les uns et les autres se trompent car leur approche est trop dogmatique », analyse Egon Müller, qui s'est associé avec un homme d'affaires d'origine arménienne pour produire du riesling en Australie. « Je ne suis pas encore très satisfait du résultat ! Il y a encore du travail », concède-t-il. Et ce n'est pas tout. Avec l'aide de sa belle-famille, il s'est associé en 2001 à un vigneron tchèque pour produire du riesling, le Château Bella, un vin élaboré à partir de raisins achetés à des viticulteurs locaux. « Nous disposons d'un bon matériel et le vin progresse bien, juge Egon. Mais nous avons été surpris. Le 2001 était un vin très doux et très bon, mais l'année suivante, il était sec, et ainsi de suite. Ce n'est pas simple à vendre. Finalement, nous avons opté pour le riesling sec », explique-t-il, tandis que son fils Egon V (8 ans) lui demande pourquoi il a un problème dans une vigne qui vient d'être replantée. Mais avant de lui passer le relais, nul doute que le maître des lieux l'emmènera aux enchères de Trèves, cet endroit magique où leurs bouteilles aux reflets d'or valent presque le prix de... l'or !

1. *Une histoire mondiale du vin. De l'Antiquité à nos jours*, Hugh Johnson – Hachette Littératures, coll. « Pluriel », 2006.

Les meilleures cuvées d'Egon Müller de ces trente dernières années

- Egon Müller Scharzhofberger Riesling Trockenbeerenauslese À P # 11 : 1971, 1975, 1976, 1989, 1990, 1994, 1995, 1997, 1999, 2000, 2001, 2003, 2004, 2005 et 2006
- Egon Müller Wiltinger Braune Kupp Riesling Auslese Gold Capsule : 2003, 2004, 2005, 2006
- Egon Müller Scharzhofberger Riesling Spatlese À P #7 : 2003, 2004, 2005, 2006
- Egon Müller Scharzhofberger Riesling Eiswein : 2004
- Egon Müller Scharzhofberger Riesling Auslese À P #6 : 2005

Elles pilotent des empires viticoles

Le petit train touristique se meut lentement dans la pénombre, tandis que les visiteurs bardés d'écouteurs regardent en silence des hologrammes décrivant la fabrication du vin au Moyen Âge. Nous ne sommes pas dans une *winery* californienne, mais au milieu des chais de la maison Torres, à Pacs, au cœur du Penedes en Catalogne. En Toscane, chez Antinori, ni petit train ni 3D. Avec ses six cents ans de passé viticole au compteur, la famille florentine n'a pas besoin de jouer cette carte-là. Son destin se confond avec celle du vin italien. Aucune prouesse technologique non plus chez Roederer, où l'accent est mis sur l'histoire de la maison de champagne et sur celle de son célèbre pétillant, le fameux Cristal. Pourtant, si ces maisons accueillent le monde entier dans leurs chais, chacune à sa façon s'affirme aujourd'hui comme un petit empire, dans un univers viticole européen encore très atomisé. Tandis qu'elles consolidaient leurs bases dans leur terroir d'origine, les familles Torres, Antinori et, plus récemment, Rouzaud pour Roederer ont décidé de repousser leurs frontières viticoles. Non contentes d'avoir réussi à charmer les amateurs du monde entier avec le nectar maison, ces dynasties européennes ont acquis des vignobles ou planté de la vigne en Amérique latine, aux États-Unis ou en Europe de l'Est. Au lieu de s'enfermer sur leur terroir ou dans leur histoire, elles ont su anticiper la globalisation de la planète Vin. Pour elles, il ne s'agit pas de grossir pour grossir, mais de s'appuyer sur leur savoir-faire et leur insatiable curiosité d'œnophiles pour être plus solides et plus proches des consommateurs, quelle que soit la latitude. Certains leur reprochent de privilégier le marketing au détriment du sacro-saint terroir. Pourtant, il suffit de les écouter parler de leurs ancêtres et du vin pour comprendre qu'il s'agit là d'un mauvais procès.

Roederer : le miracle du « Cristal »

Roederer, ce nom évoque d'abord un champagne d'exception... le célébrissime Cristal. Apprécié aussi bien par la reine d'Angleterre Elizabeth II que par le roi de l'évasion Jacques Mesrine, ce très grand champagne ne fait pas seulement tourner la tête des princesses et des gangsters. Son histoire relève de la légende, au point que les mystères qui entourent sa naissance divisent encore les spécialistes. Officiellement, la maison Louis Roederer a simplement répondu en 1876 à une demande expresse du tsar Alexandre II qui souhaitait avoir sa cuvée personnelle. Officieusement, l'autocrate russe, qui craignait d'être empoisonné, aurait exigé que la bouteille soit transparente et à fond plat, afin que l'on puisse détecter le moindre additif suspect. Au-delà de ces querelles historiques, ce vin fait l'unanimité parmi les dégustateurs. « Il semble avoir deux existences successives : jeune, c'est un champagne brillant et festif, au caractère ouvert et très apéritif ; après plusieurs années de garde, sa droiture et son éclat aristocratique s'affirment pour développer la personnalité d'un grand champagne racé, fin et d'une infinie longueur[1].» Au sommet de la pyramide des champagnes proposés par la maison fondée en 1827 par Louis Roederer, le Cristal est aussi emblématique de son histoire. Qu'il s'agisse du fondateur comme de ses proprié-

taires actuels la famille Rouzaud, héritière par les femmes, la maison Roederer s'est, dès le début, appuyée sur la qualité de ses vins pour séduire les palais du monde entier.
Aujourd'hui piloté par Frédéric Rouzaud, qui a pris en 2006 la suite de son père Jean-Claude, le groupe Roederer ne se limite plus seulement aux quelque 350 000 flacons de Cristal écoulés en moyenne chaque année, aux millions de bouteilles qui vieillissent dans des caves immenses et à quelque 200 hectares des meilleures vignes de l'appellation. Avec en portefeuille les délicieux champagnes Deutz, la maison Delas en Côtes du Rhone, les Domaines Ott en Provence et son fameux Clos Mireille, le prestigieux Château Pichon Longueville Comtesse de Lalande, deuxième grand cru classé bordelais, la maison de porto Adriano Ramos Pinto réputée pour la finesse de ses tawnies, ainsi qu'une superbe affaire de *sparkling wine* aux États-Unis, Roederer Estate, cette entreprise fait figure de petit empire viticole.
Valorisé autour des 300 millions d'euros par les spécialistes, ce groupe affiche des comptes en béton ! « Si toutes les maisons de champagne avaient un bilan à la Roederer, ce serait le paradis ! » rêve Jean-Luc Coupet, responsable du département vin à l'Union des banques suisses (UBS). Frédéric Rouzaud, lui, reste très discret sur les résultats de l'entreprise. « Disons qu'elle affiche des ratios de rentabilité très honorables pour la profession », concède ce financier avisé. Au-delà de ses performances économiques remarquables, Roederer est aussi, et surtout, une maison réputée pour vinifier avec la régularité d'un métronome des champagnes reconnus pour leur délicatesse exceptionnelle. Du Brut Premier au Brut Millésimé en passant par le mythique Cristal, l'obsession de l'œnologue Jean-Baptiste Lecaillon comme de ses prédécesseurs est de respecter à la lettre la « signature Roederer ». Finesse des bulles, bien sûr, mais aussi et surtout recherche d'un équilibre parfait entre la puissance

du pinot noir et la « fraîcheur fruité » du chardonnay. Ici, pas de pinot meunier, « trop peu qualitatif », dit Lecaillon, pas de surdosage, pas de maquillage, mais la volonté assumée de faire des vins... sans concession, tendus parfois mais jamais à l'excès. L'ajout, dans la cuvée, de vins vinifiés en foudre (pour les millésimés) et de vins de réserve pour le Brut Premier, confère, selon les responsables de Louis Roederer, un cachet unique aux différents champagnes de la maison.

Si aujourd'hui l'entreprise se porte bien, son destin relève du petit miracle. Minée par des affrontements fratricides et une gestion qui fut parfois cavalière, cette maison bicentenaire a en effet survécu au phylloxéra, à la crise économique des années 1930, résisté à trois guerres et... préservé son caractère familial. L'absence de successeurs mâles dès la deuxième génération explique pourquoi la maison n'est plus aujourd'hui détenue par un descendant éponyme du fondateur Louis Roederer, mais par les Rouzaud, héritiers d'une Olry-Roederer. Aujourd'hui, cette famille contrôle 75 % du capital, le quart restant étant détenu par Jean de Béarn et Hélène de Laage de Meux, descendants de Victor Olry-Roederer, lui-même petit-fils de Louis Roederer.

Les débuts de Louis Roederer

L'histoire commence à la fin du XVIIIe siècle avec un certain Étienne Dubois, négociant en vin. Faute d'héritier, il cède en 1819 sa modeste société à Nicolas-Henri Schreider, un de ses associés, qui, lui aussi sans enfant, la vend peu avant sa mort à son neveu Louis Roederer. Doté d'une grande énergie, d'un caractère bien trempé et d'un esprit visionnaire, Louis Roederer la rebaptise de son propre nom en 1827. Son intention est d'en faire avec l'aide de son frère Eugène, réputé bon vinificateur, une vraie maison de champagne, digne des sociétés déjà bien établies à l'époque comme Moët & Chandon, Veuve Clicquot Ponsardin et Ruinard. Sa stratégie était considérée alors comme doublement révolutionnaire, car elle reposait sur la détention de vignes en propre et sur les ventes à l'exportation. À la grande différence de ses concurrents qui achètent le raisin à des viticulteurs, Louis Roederer fait le pari d'accumuler des hectares de vignobles méticuleusement choisis dans les meilleurs crus de la Montagne de Reims, la Vallée de la Marne et l Côte des Blancs. Son objectif est de pouvoir ainsi contrôler toute la production et donc la qualité de ses vins. Fin 1850, il détient déjà 130 hectares de vignes. Dans le même temps, Louis Roederer embauche un voyageur aventurier suédois, Hugues Krafft, comme responsable des ventes à l'étranger. Très vite, Krafft met le cap sur la Russie et fait un vrai tabac à la cour du tsar. Les commandes pleuvent. Deux ans après la mort de Louis Roederer, en 1870, la maison écoule 670 000 bouteilles en Russie et la moitié aux États-Unis. En 1876, c'est la consécration. L'intendant du tsar Alexandre II demande à Louis Roederer junior de lui confectionner une cuvée spéciale : le mythique Cristal. Longtemps réservée à une clientèle triée sur le volet, la commercialisation de ce champagne s'est démocratisée depuis la fin de la Seconde Guerre mondiale. Les flacons de ce divin nectar sont toujours transparents mais protégés par un papier doré anti-UV pour éviter tout risque d'altération liée à une exposition prolongée à la lumière. Quant aux jéroboams de Cristal, ils sont devenus parmi les bouteilles les plus prisées des collectionneurs.

Camille Olry-Roederer… une sacrée « pièce rapportée » !

Hélas ! la fulgurante ascension de cette maison est freinée par le décès en 1880 de Louis Roederer junior. Sa disparition constitue, en effet, un vrai tournant dans l'histoire de cette maison. Louis Roederer junior n'a pas d'enfant. Du coup, le domaine est géré par Jacques Olry, époux de Léonie Roederer, la sœur de Louis qui en a hérité. À la mort de Léonie, c'est son fils Léon Olry-Roederer qui reprend l'affaire et obtient le droit d'accoler le nom de sa mère, une Roederer, à celui de son père, Orly. Plus passionné par sa collection de peintures, ses vieux livres et ses chevaux de course que par le champagne, cet esthète parisien fortuné délaisse la gestion de Roederer, qui doit affronter un violent retournement de conjoncture. « Pour tenir, il doit même vendre sa collection de livres anciens considérée à l'époque comme l'une des plus importantes avec celle du château de Chantilly », raconte Jean-Claude Rouzaud.

Phylloxéra, guerre de 1914-1918, révolution russe et, pour couronner le tout, prohibition aux États-Unis : lorsque Camille Olry-Roederer, l'épouse de Léon et la grand-mère de Jean-Claude Rouzaud reprend les commandes à la mort de son mari en 1933, la maison est en quasi-faillite et à deux doigts d'être bradée. Mais c'est sans compter sur la volonté de fer de Camille. Deux ans après son remariage avec Léon Olry-Roederer, cette femme, déjà veuve de guerre d'une première union, ne s'attendait pas à devoir relever pareil défi. Entre 1876 et 1933, les ventes ont été divisées par onze pour tomber à 230 000 bouteilles. Tandis qu'elle congédie un beau-frère auquel elle reproche d'avoir laissé filer la boutique, Camille Olry-Roederer doit affronter les autres héritiers Roederer qui méprisent cette « pièce rapportée ». Redevenue maîtresse chez elle après une longue bataille juridique, cette femme à la fois autoritaire et excentrique gère la maison avec une extrême parcimonie. « Quand un verre était cassé, l'employé devait lui montrer le pied pour lui prouver qu'il ne l'avait pas volé », raconte Jean-Claude Rouzaud qui a, disent les mauvaises langues champenoises, « hérité du caractère radin de sa grand-mère ». Pendant la Seconde Guerre mondiale, elle parvient à préserver, en partie, la maison du pillage de l'occupant et assure, tant bien que mal, la production. « À partir des années 1950, la maison s'est redressée avec l'amélioration de la conjoncture en Champagne », raconte Jean-Claude Rouzaud qui paraît minimiser le rôle de sa grand-mère dans ce redressement.

Alors que la maison de champagne reprend des couleurs, celles de l'écurie Olry brillent sur les champs de course, avec en particulier les quatre victoires d'un cheval prodige, Jamin, au prix de l'Arc de Triomphe. Sous l'impulsion de Camille Olry-Roederer qui multiplie les voyages d'affaires et n'hésite pas à se montrer en société, le champagne Roederer se retrouve à nouveau sur les tables des grands de ce monde. Certes, la maison se porte beaucoup mieux. Les ventes sont remontées à 750 000 flacons, et la maîtresse des lieux entend bien continuer à gérer la maison d'une main de fer.

Jean-Claude Rouzaud s'impose chez Roederer

Lorsqu'il entre en 1967 chez Roederer, Jean-Claude Rouzaud est loin d'imaginer qu'il sera un jour invité à la table des Reagan et des Clinton à la Maison Blanche. Sacré homme de l'année 2001 par le magazine britannique du vin *Decanter*, il dut batailler ferme pour être reconnu par ses pairs. Mais son premier combat, le plus dur sans doute, fut de s'imposer parmi les siens. Dès son premier jour au siège de la maison Roederer, le fils de Claude Rouzaud et de Marcelle, fille de Camille Olry-Roederer, a compris qu'il n'était pas attendu comme le Messie. « La stratégie de ma grand-mère était très défensive et elle avait l'art de diviser pour mieux régner », déplore Jean-Claude Rouzaud, qui doit alors affronter la méfiance des dirigeants de l'époque tenus en laisse courte par sa grand-mère. Sa scolarité mouvementée, son absence totale d'envie d'être médecin comme son père ont fait le désespoir de ses parents et ne plaide pas en sa faveur. Après avoir tenté l'Agro de Montpellier, Jean-Claude Rouzaud s'oriente vers des études d'œnologie. Parrainé par un ouvrier agricole reconnu pour sa connaissance du terroir, il est affecté en 1967 à la production. Très vite, ce passionné s'imprègne du terroir et prend plaisir à rencontrer les viticulteurs locaux. Avec le soutien de son « parrain professionnel », il parvient à convaincre le triumvirat de cadres dirigeants de procéder à un remembrement du patrimoine viticole constitué par Louis Roederer. « Sept cents parcelles différentes éparpillées dans tout le vignoble, cela devenait difficilement gérable. J'ai procédé à des échanges pour regrouper les terres. Nos vignobles comptent aujourd'hui environ deux cent cinquante parcelles plus grandes et concentrées sur les meilleurs terroirs », raconte Jean-Claude Rouzaud. Face à l'augmentation des ventes et donc de la production, Rouzaud étend son domaine d'une cinquantaine d'hectares, afin que l'approvisionnement en raisin maison soit assuré à 60 % au minimum par ses propres vignes. Dans la droite lignée de Louis Roederer, il joue la carte de l'intégration verticale de la vigne aux chais comme dans les grands châteaux bordelais qu'il apprécie tant. Cette politique protège ainsi la maison des variations du prix du raisin, dont les deux tiers proviennent de ses vignes, et lui permet de travailler la qualité en toute liberté. « Pour faire un bon vin, il faut du bon raisin. Et pour cela, le travail commence dans les vignes », observe-t-il.

Mais il sait aussi que la même rigueur doit s'appliquer dans les chais. Et pour cause, il en a fait l'amère expérience. Cinq ans après son arrivée, la maison doit faire face à un problème de goût de bouchon qui affecte 15 % des bouteilles. « Au début, les dirigeants de la maison ne voulaient pas l'admettre », déplore-t-il. Tandis que les ventes s'effondrent au point de menacer l'entreprise, Rouzaud engage des recherches avec l'université de Dijon, l'INRA de Reims et l'Institut

Pasteur à Paris pour déceler la molécule fautive. Finalement, il finit par régler le problème grâce à l'intervention quasi miraculeuse de Michel Pansu, un ex des Salins du Midi. Embauché comme chef de cave, celui-ci décide de faire le ménage en grand. Désinfection des caves, stérilisation des bouchons, reconditionnement des stocks, remplacement des palettes en bois par leur équivalent en métal : la bataille contre la moisissure est gagnée en 1975. Après avoir frôlé la faillite, la maison Roederer voit ses ventes remonter à plus de 1,2 million de bouteilles dès l'année suivante. Depuis le décès de sa grand-mère, Jean-Claude Rouzaud, devenu directeur de la production, assoit son pouvoir... sans partage. À l'instar de Camille Olry-Roederer, sa grand-mère, il tient sa maison d'une poigne de fer, se mettant à dos l'ensemble des syndicats champenois. Aux commandes en 1979, il pousse les feux à l'exportation d'une maison qui écoule aujourd'hui les deux tiers de ses 2,7 millions de bouteilles chaque année à l'étranger.

À la conquête de nouveaux terroirs

Beaucoup de responsables d'entreprises champenoises se seraient contentés de faire tourner cette superbe machine à cash. Pas Jean-Claude Rouzaud, qui se sent trop à l'étroit à Reims. « Son passage à Montpellier lui a donné l'occasion de découvrir la diversité des terroirs à travers ses multiples contacts avec des vignerons d'autres régions françaises ou venus de l'étranger », souligne l'ancien patron d'une prestigieuse maison champenoise. Après moult hésitations, Jean-Claude Rouzaud décide de partir à la conquête des États-Unis, au début des années 1980. « Nous avions beaucoup de cash, et après la victoire de la gauche en 1981, je souhaitais diversifier mon patrimoine à l'étranger, explique-t-il. Et puis, toutes les grandes maisons comme Moët & Chandon, Mumm ou Piper-Heidsieck étaient là-bas. »

À la différence de ses concurrents, il préfère se constituer en 1982 un vignoble à 150 kilomètres au nord de San Francisco. La région bénéficie en effet d'un climat tempéré, plus propice à la production d'un vin pétillant que la très torride Napa Valley. Près de 10 millions d'euros sont ainsi investis en huit ans dans un domaine baptisé Roederer Estate. « Cela n'a pas été facile, mais nous avons bénéficié du coup de pouce des grands noms de la dégustation américaine. L'affaire n'est devenue vraiment rentable qu'à la fin des années 1990 », concède le patron cet aventurier vigneron.
Mais dans sa volonté d'expansion, Rouzaud ne fait pas toujours les bons paris. Loin s'en faut ! Son plus mauvais souvenir reste son incursion ratée en Australie. Un fiasco qu'il n'est pas près d'oublier. « Après deux voyages en Tasmanie, en 1985 et 1986, j'ai fini par craquer et j'ai constitué un vignoble de toutes pièces. Hélas ! les deux seules années où je me suis rendu là-bas sont les seules où il a dû faire beau ! » Très vite, il mesure l'ampleur de son erreur et constate qu'il faut sortir au plus vite de ce bourbier. « Je suis alors tombé sur un type qui avait fait fortune dans le corned-beef et qui me l'a racheté sur la base de 40 cents pour 1 dollar investi. C'était inespéré ! » s'amuse Jean-Claude Rouzaud. « Il nous reste quelques caisses de ce vin. Il est très bon. Vu la faiblesse des rendements, on aurait dû faire du liquoreux ! »

L'aventure dans les vins... tranquilles

Pourtant, cet échec ne le décourage pas d'investir dans de nouveaux terroirs. Après les vins pétillants, Jean-Claude Rouzaud s'intéresse au porto qui présente, selon lui, des similitudes commerciales avec le champagne, notamment à travers la mise en valeur d'une marque forte. Lorsque surgit l'opportunité d'acquérir en 1990 la majorité des portos Adriano Ramos Pinto, il fonce. Et pour cause ! Cette prestigieuse maison est un peu au porto ce que Roederer est au champagne. À l'instar de la maison Roederer et à l'inverse de la plupart de ses concurrentes, elle possède ses propres vignes, ce qui lui permet de maîtriser la qualité de ses vins. Qu'il s'agisse des portos réputés pour leur finesse, des vieux tawnies de 10, 20 et 30 ans d'âge pour leur longueur en bouche ou des vins rouges classiques, Duas Quintas ou Duas Quintas Reserva pour leur style bordelais, la maison Ramos Pinto figure aujourd'hui au tableau d'honneur des vins espagnols. Passionné de vin rouge et travailleur boulimique, Rouzaud rêve du Bordelais depuis qu'il a débuté dans le métier. « Je voulais faire du vin rouge moi-même, me coltiner avec la vinification des grands cépages bordelais », raconte-t-il. Après une première incursion à Saint-Estèphe avec le rachat d'un vignoble rebaptisé Haut-Beauséjour, il met la main sur le Château de Pez avec l'aide de son ami Jean-François Moueix. Le virus du bordeaux ne le quittera plus. Réputé économe, « voire radin » dit un proche, il n'hésite pas ainsi à mettre un chèque de 160 millions d'euros pour souffler le fameux Pichon Longueville Comtesse aux Guerrand-Hermès, propriétaires de la prestigieuse maison de luxe. À l'évidence, cette opération n'est pas neutre dans les comptes de la maison. « Il faut compter de six à sept ans pour digérer cette importante acquisition », estime Frédéric Rouzaud.

Ce deuxième grand cru, qui s'est considérablement amélioré sous la férule de May-Éliane de Lancquesaing, la précédente maîtresse des lieux, fait partie des dix stars du Médoc. Profond et raffiné en particulier sur des millésimes comme 1995, 2000, 2003 et 2005, le « pichon-comtesse » se distingue des autres pauillacs par un encépagement qui n'est pas dominé par le cabernet-sauvignon.

Mais avec ce deal, Jean-Claude Rouzaud ne réalise pas seulement un vieux rêve. Il tourne aussi la page d'un règne de vingt-sept ans à la tête de Roederer.

Viscéralement attaché à son entreprise, ce businessman qui se voit en *self-made man* plus qu'en héritier a longtemps hésité avant de céder les commandes opérationnelles du groupe à son fils. Sa frénésie incessante de bâtisseur explique en partie seulement cette réticence. Jean-Claude Rouzaud a eu aussi beaucoup de mal à faire le deuil de son fils Stéphane, mort en 1990 d'un accident de plongée en Corse et en qui il voyait son successeur. « C'est le drame de sa vie et de son épouse Béatrice, dont il est séparé aujourd'hui. Stéphane avait un caractère proche de son père. Ils partageaient le même goût pour les sports extrêmes. Frédéric, lui, est plus réservé. Il a le tempérament de sa mère », observe un ami de la famille. Après ce terrible drame, Jean-Claude Rouzaud s'est investi à corps perdu dans son entreprise. Mais il y a quelques années, alors qu'il ne songeait pas encore à se retirer, il semble qu'il ait eu peur que la maison Roederer n'échappe à ses enfants. Veuf depuis des années, son père Claude Rouzaud, avec lequel il entretenait des relations difficiles, s'était en effet rapproché à 92 ans de son auxiliaire de vie, une femme beaucoup plus jeune que lui. Du coup, Jean-Claude aurait alors craint une modification de la succession au profit de la seconde épouse de son père et de ses ayants droit. « Sa peur était injustifiée. Claude Rouzaud ne détenait plus que l'usufruit, qui n'est pas transmissible. En outre, on ne déshérite pas ses enfants comme ça », remarque un financier parisien. Même infondée, cette crainte aurait poussé Jean-Claude Rouzaud à précipiter la nomination de Frédéric, qu'il avait fait tourner dans l'entreprise avant de le prendre à ses côtés comme directeur adjoint. À l'évidence, le rachat en 2004 des Domaines Ott, mené sans anicroche par Frédéric, a fait monter la cote de celui-ci auprès de son père.

Frédéric Rouzaud, le prestige de l'étiquette

Aujourd'hui, Frédéric assume officiellement le pouvoir. Mais il resterait – officieusement – sous la surveillance de son père Jean-Claude qui lui a donné cinq ans pour faire ses preuves. « Il est très dur avec son fils, trop peut-être, comme beaucoup de pères », confie un proche de Jean-Claude Rouzaud.

Moins autocrate que son père, le discret Frédéric s'appuie sur un solide quatuor de *managers* formés à l'école paternelle. Qu'il s'agisse des deux piliers de la maison, Jean-Baptiste Lecaillon, directeur général adjoint responsable de la production, et Michel Janneau, directeur général adjoint « commercial », de son cousin Laurent Bourdier, le « monsieur Finances », ou de Grégory Balogh, le dynamique patron de la filiale américaine Roederer Estate. Moins passionné que son père par les mystères de la vinification, cet homme de marketing ne ménage pas ses efforts pour mieux vendre son champagne comme les autres « marques » du groupe. Soucieux d'imprimer son style, il s'est ainsi permis de « relooker » les étiquettes de la prestigieuse maison Roederer. Une évolution tout en finesse, bien sûr, comme les bulles des milliers de bouteilles qui sommeillent dans les 7 kilomètres de galeries des caves de Louis Roederer.

Installé à Paris, ce globe-trotter prend plaisir à accueillir ses hôtes de marque boulevard Lundy, à Reims, dans l'hôtel particulier de la famille construit en 1866 par l'architecte Alfred Verlay, auquel il n'a pas hésité à donner un sérieux coup de jeune ! Qu'on ne s'y trompe pas. Frédéric Rouzaud a beau évoluer depuis sa tendre enfance dans cet endroit de rêve, orné de tapisseries et de tableaux anciens, de commodes Louis XVI et de mobilier Empire, il ne vit pas pour autant dans sa bulle. Lucide, il mesure les conséquences de la crise économique qui a éclaté en 2008 sur les ventes de champagne. Mais cette promesse de jours sombres après des années fastes pour la boisson des sacres ne semble pas affoler cet animal au sang froid. Car il en a vraiment sous les pieds... disons plutôt dans ses caves. La maison fondée par Louis Roederer en 1833 s'avère, en effet, l'une des mieux armées pour affronter la piètre conjoncture qui s'annonce, selon nombre d'experts, comme aussi difficile pour les Champenois que celle survenue en 1992 après la première guerre du Golfe. Cette crise pourrait aussi être l'occasion de saisir de nouvelles opportunités. Son père n'avait ainsi pas hésité à profiter de la baisse des prix du foncier pour reprendre à l'époque les champagnes Deutz, prestigieuse maison alors en perte de vitesse, et récupérer dans sa corbeille la maison Delas, connue pour ses délicieux côtes-du-rhône. Du coup, après avoir renoncé pour le moment à acheter du vignoble en Angleterre afin d'y produire du *sparkling wine*, Frédéric Rouzaud ne serait pas, dit-on, malheureux de reprendre l'une des rares grandes maisons champenoises encore indépendantes. Roederer reviendrait ainsi à nouveau sur son terroir d'origine... la Champagne.

1. *Les Plus Grands Vins du monde*, Michel Bettane et Thierry Desseauve – Minerva, 2006.

Les dix meilleurs Roederer Cristal® de ces trente dernières années

- Louis Roederer Cristal® Brut : 1976, 1979, 1982, 1986, 1990, 1996, 1999, 2002
- Louis Roederer Cristal® Rosé : 1996, 2000

Antinori (Italie) : quand les femmes prendront le pouvoir

Curieuse façon d'accueillir ses invités ! Lorsqu'il vous reçoit au *palazzio* Antinori, palais familial depuis plus de cinq siècles situé au cœur de Florence, le marquis Piero Antinori s'empresse de vous en faire ressortir. Non, le représentant de la vingt-sixième génération de la plus ancienne lignée viticole italienne n'ignore pas les bonnes manières. Bien au contraire. Il brûle d'impatience de vous montrer la minuscule lucarne percée dans le mur latéral droit de cette imposante bâtisse, sur le volet de laquelle il fallait frapper pour commander du vin à ses ancêtres au... XVIe siècle.

Au box-office des dynasties vigneronnes les plus anciennes de la planète, cette famille peut, à l'évidence, revendiquer la tête du classement. L'origine de cette incroyable dynastie toscane du vin remonte en effet au 19 janvier 1385. Ce jour-là, un certain Giovanni di Piero Antinori, marchand de soie, adhère à la guilde florentine des producteurs et négociants en vin. Pas moins de vingt-six générations plus tard, les Antinori sont considérés comme la famille italienne la plus puissante dans le vin, avec un chiffre d'affaires de 130 millions d'euros l'an passé.

À 70 ans, Piero Antinori et ses trois filles, Albiera, Allegra et Alessia, règnent, en effet, sur un patrimoine viticole de 2 000 hectares dont plus de la moitié en Toscane. Également présents dans d'autres terroirs viticoles italiens, de la Lombardie à l'Ombrie, les Antinori ont aussi exporté leur savoir-faire dans l'État de Washington, en Californie, au Chili, en Hongrie et même à Malte. Au sommet de la gamme trônent quelques nectars considérés par les experts comme de très grands vins. Avec pour pilier principal le désormais célèbre Tignanello, un vin puissant fabriqué à partir du cépage autochtone du Chianti, le sangiovese, et d'un peu de cabernet. À ce vin – dont les millésimes 2000, 2001 et 2004 ont été salués par la critique internationale, de Robert Parker à *Decanter*, en passant par le *Wine Spectator* – est venu s'ajouter le plus international Solaia. Produit à partir d'un mélange de cabernet-sauvignon, de merlot et de sangiovese, ce nectar fait certes partie du club des « supertoscans », comme le Sassicaia, l'Ornellaia ou le Masseto. Sans afficher la concentration excessive, la « parkérisation » de ses concurrents dénoncées par Jonathan Nossiter dans son film *Mondovino*[1]. Comment ne pas tomber sous le charme soyeux des Solaia 1985, 1997 ou 2001, capables de se hisser au niveau des très grands bordeaux, sans manquer pour autant de typicité ?

Le tableau serait incomplet s'il n'était pas fait mention du délicieux vin produit par Antinori a Guado al Tasso, un domaine situé à Bolgheri sur la côte toscane, et le Brunelo di Montepulciano de la maison qui rivalise avec les crus réputés de cette appellation mythique. Derrière ces vins renommés, se cache aussi l'histoire d'une lignée sortie indemne du siège de Florence par les troupes impériales de

Charles V, de l'invasion de l'Italie par Napoléon, de deux conflits mondiaux au XXe siècle, et ayant survécu à la peste noire de 1632. Excusez du peu ! Tandis qu'elle traversait les tumultes de l'Histoire, cette famille a aussi su trouver à chaque génération les ressources pour rebondir après les coups durs. Pourtant, son plus grand mérite est peut-être d'avoir su résister aux guerres internes qui ont abrégé la longévité de tant d'autres dynasties. Un sens de la famille, qui a permis aux descendants actuels des marchands de soie du XVe siècle de tisser leur toile dans le monde du vin pour en devenir l'un des plus prestigieux acteurs.

L'incroyable saga des Antinori

Officiellement, l'entrée des Antinori dans le monde du vin remonte à la fin du XIVe siècle. Mais leurs origines viticoles seraient beaucoup plus anciennes. La lignée pourrait ainsi avoir comme ancêtre fondateur un certain Rinuccio di Antinoro (devenu ensuite Antinori), vigneron du XIIe siècle, installé à Castello di Combiate, un petit village de la campagne florentine. Quant à leur excellente réputation dans le vin, elle ne date pas d'hier non plus. Dès 1572, les Antinori obtiennent du Saint-Siège l'autorisation de pouvoir vendre leur vin pour la célébration de la messe aux églises. Puis, en 1685, Francesco Redi, le poète et dégustateur de vin officiel de Cosimo III de Medicis, leur rend un vibrant hommage : « À partir d'un raisin de canaiolo [cépage alors répandu en Toscane] bien mûr, les Antinori obtiennent un moût déjà si pur que ses arômes explosent dans le verre. » Trente-cinq ans plus tard, le pape Clément XII passe même une commande historique de vin auprès de Niccolo Francesco Antinori... son neveu par alliance. Une bénédiction papale bien utile pour développer son business auprès des fidèles de l'Église, très souvent disciples de Bacchus !

Mais avant d'être reconnus dans le vin, les Antinori ont d'abord su s'imposer comme d'importants marchands de laine et de tissus précieux. Au début du XVIe siècle, leur négoce baptisé « Alessandro Antinori e compagnia » s'étendait de Florence à Anvers aux Pays-Bas, en passant par Lyon en France et jusqu'à Tolède en Espagne. Sans oublier un bureau à Messine en Sicile, qui traitait avec les villes de Tripoli, Djerba et Alger. Comme toutes les grandes dynasties, celle des Antinori a connu de nombreuses turpitudes tel l'exil forcé, en 1513, de Camillo Antinori (à la demande des Médicis qui régnaient sur Florence) et aussi des revers de fortune. Devenue riche et installée à des postes de pouvoir à Florence, la famille a ainsi presque tout perdu avec la faillite bancaire d'Alessandro Antinori au milieu du XVIe siècle, contraint de vendre la plupart de ses biens pour éponger ses dettes. « Les effets de cette banqueroute se sont fait ressentir pendant plus de trente ans et ont constitué un traumatisme pour la famille », observe l'historien Stefano Calonaci[2]. Même si le superbe palais florentin acquis par Niccolo Antinori en 1506 fut racheté par la suite aux créanciers d'Alessandro Antinori.

Après cette déconfiture financière, la famille reste dans le commerce de tissus, mais en Italie seulement. Et le vin est encore une activité d'appoint. Durant les siècles suivants, elle compte parmi ses membres nombre de militaires ou de magistrats de haut rang. Certains d'entre eux occupent même des postes politiques clés en Toscane et fréquentent les potentats locaux, voire les têtes couronnées d'Europe. À l'instar d'autres lignées, les Antinori ont dû céder à la pratique des mariages d'intérêt et des unions consanguines afin de préserver leur patronyme et éviter la dispersion de leur patrimoine. Très impliqués dans l'adhésion de la Toscane dans le cadre de l'unification italienne, ils sont gratifiés en 1861 d'un titre de Marchesi (« marquis ») et adoptent alors comme devise : « *Te Duce Proficio* » (« La poursuite de l'excellence »).

Au fil des générations, les anciens marchands de tissus sont devenus d'importants propriétaires terriens. Au XIXe siècle, alors que la vieille aristocratie florentine ouvre des banques, les Antinori jouent plutôt la carte de l'agriculture et... du vin. Dans la première moitié du XIXe siècle, la famille détient près de 600 hectares de terres en Toscane. À l'époque, le commerce du vin représente environ 10 % des revenus de la famille. Le reste provient de l'exploitation des terres en métayage. Mais les Antinori ne mettent pas tous leurs œufs dans le même panier. Ils figurent ainsi parmi les plus gros actionnaires d'une banque locale, deviennent même de gros bailleurs de fonds de la municipalité de Florence et s'imposent ainsi comme des acteurs incontournables de l'économie et de la politique de la Toscane.

Pourtant, si les affaires bancaires tournent rond, l'activité « vin » est, elle, sérieusement ébranlée par l'invasion de l'oïdium puis du phylloxéra qui ravage la région dès 1853. Pas de quoi, pour autant, décourager les Antinori ! Moins de dix ans plus tard, le vin représente en effet près des deux tiers de leurs revenus. Même s'il a fallu attendre 1898 pour que la famille décide de créer sous l'impulsion de Niccolo di Piero Antinori, grand-père de Piero et de son frère Ludovico, une vraie entreprise viticole baptisée « Marchesi Antinori marchand de vin ». « Il s'agit d'une date clé, car elle marque le passage d'une approche artisanale du vin à un vrai business, sans pour autant perdre en authenticité », observe Piero Antinori. Auparavant, la société qui regroupait les affaires viticoles ne possédait pas de vignobles en direct. Niccolo di Piero Antinori, le grand-père de Piero, met, lui, en place une vraie stratégie viticole partant de la production : achat de raisins (en plus de ceux produits pas les vignobles familiaux) et élevage, jusqu'à la distribution du vin. « L'idée novatrice des Antinori a alors été de faire un vin qui ne soit plus seulement bu en Italie mais aussi vendu à l'international », observe Stefano Calonaci[2].

À sa façon, Niccolo di Piero Antinori a adopté pour le vin l'approche de ses ancêtres marchands de tissus aux Vᵉ et VIᵉ siècles, qui étaient parvenu à vendre leurs marchandises au-delà même des frontières de l'Europe. Après un voyage à Reims, il se lance aussi dans la production d'un vin pétillant, « spumante », l'un des premiers en Italie, qui lui a valu les compliments de son ami compositeur Giacomo Puccini. Mais le départ de l'œnologue français, Lucien Charlemagne (cela ne s'invente pas !) pendant la Première Guerre mondiale entraîne un arrêt momentané de la production. Malgré ces déboires, Niccolo Antinori, le père de Piero qui prend la direction de l'entreprise en 1925, poursuit l'expérience et finit par la rendre rentable. Ce n'est pas tout. « Le système de métayage alors pratiqué par les propriétaires terriens poussait les fermiers qui étaient rémunérés sur la quantité, et non la qualité du raisin, à produire le plus possible. Mon père a pris conscience que pour améliorer la qualité du vin il ne devait pas seulement être un marchand qui achète du raisin, mais devenir vigneron lui-même », observe Piero Antinori. Au vignoble de 50 hectares qui avait été acquis par la famille en 1900, en Chianti Classico, aujourd'hui connu sous le nom de Tignanello, s'est ajouté un domaine de 20 hectares à Bolgheri, puis une propriété de 10 hectares en Ombrie.

Avec le lancement en 1928 du désormais célèbre Villa Antinori, Niccolo Antinori imprime sa marque. C'est, en effet, le premier chianti à faire l'objet d'un élevage long en fûts de chêne et à être commercialisé dans des bouteilles bordelaises. Chose unique en Toscane à l'époque, ce vin contenait déjà un peu de cabernet-sauvignon. « C'était une révolution. Les anciens en parlent encore comme d'un vin exceptionnel », se souvient Piero Antinori. Hélas ! la Seconde Guerre mondiale ayant ravagé une partie des vignobles de la famille, le cabernet-sauvignon ne fut pas la priorité lors de la remise en état des domaines familiaux. Du coup, le Villa Antinori d'après-guerre n'en contient plus. Mais grâce au travail du grand-père et du père de Piero Antinori, les vins produits par la famille bénéficient déjà d'une solide réputation en dehors de l'Italie.

Piero Antinori ou la renaissance du vin italien

Sur la planète Vin, Piero Antinori est considéré, avec les Frescobaldi et Angelo Gaja, comme l'un des artisans de la renaissance viticole italienne amorcée au début des années 1970. En un peu plus de quarante ans, cet homme d'une courtoisie extrême, d'une passion réelle pour le vin et d'un attachement profond à la terre a transformé l'entreprise construite par son grand-père et son père en une petite multinationale du vin. « Mon but n'a jamais été de grandir pour grandir, mais d'être plus fort pour être plus solide », relativise-t-il. Plus important encore pour lui, cette croissance ne se fait pas au détriment de la qualité. À l'évidence, le marquis Antinori a fait sienne la devise de la famille : « La poursuite de l'excellence ». Lorsqu'il prend les commandes de l'entreprise familiale, Piero Antinori sait que les vins italiens en général, et de Chianti en particulier, sont loin d'avoir atteint les standards bordelais. Et pour cause ! Le métayage n'a été officiellement supprimé qu'au milieu des années 1960. Or, dans ce système d'exploitation agricole, le but était de privilégier le rendement au détriment de la qualité, en particulier dans le vin. Du coup, les vignes de sangiovese replantées après le phylloxéra étaient de mauvaise qualité. Jusque-là, nombre de propriétaires terriens faisaient un peu de tout, du blé, du vin, de l'huile d'olive. Mais chaque culture, notamment la vigne, était éparpillée. Beaucoup ont dû faire des choix et regrouper leurs terres. Beaucoup aussi ne savaient pas faire du vin. Ce n'était pas le cas des Antinori qui possédaient déjà des domaines spécialisés, dont les vins faisaient aussi référence à l'époque. Pourtant la marge de progression restait considérable.

Conscient du défi à relever, Piero Antinori s'est alors rapproché de la sommité œnologique française, feu Émile Peynaud. « Il m'a appris énormément de choses. Depuis, je n'ai jamais retrouvé un homme du vin qui combine aussi bien les connaissances académiques et l'expérience pratique », regrette le marquis, aujourd'hui conseillé par l'œnologue bordelais Jacques Boissenot. Plantation de clones de sangiovese plus qualitatifs, nouvelles méthodes de conduite de la vigne, modification des techniques de vinification, introduction de cépages étrangers comme le cabernet puis le merlot et le chardonnay constituent la base de la révolution vinicole entreprise avec l'aide de Peynaud par Piero Antinori. Dès 1971, il produit ses 7 000 premières caisses du désormais fameux Tignanello, élaboré à partir de nouveaux cépages sangiovese assemblés avec un peu de cabernet-sauvignon. Autrement dit, Piero Antinori s'inscrit dans les pas de son père qui avait été le premier à mettre du cabernet-sauvignon dans son chianti. Avec Tignanello, Piero Antinori est aussi le premier à ne plus mettre de trebbiano, un cépage blanc, alors utilisé par tous les producteurs de chiantis... rouges. Quelques années plus tard, il lance Solaia, le premier vin toscan d'assemblage (cabernet-sauvignon, merlot, sangiovese). Aujourd'hui vinifié dans un style moderne, ce vin très bien noté par la critique anglo-saxonne est l'un des premiers « supertoscans » qui sont aujourd'hui légion mais pas forcément aussi fins.

Querelles fratricides

Au début des années 1980, Piero Antinori croit avoir fait le plus dur. Il se trompe. Alors que ses vins affichent des progrès d'année en année et que les affaires sont plutôt bonnes, le marquis se retrouve, en effet, confronté à une fronde familiale. Son frère cadet Ludovico et sa sœur Illaria souhaitent vendre leurs parts de la société familiale.

La décision d'Illaria n'est pas une surprise pour lui, car elle ne s'intéresse pas au vin. En revanche, le départ de Ludovico – qui, lui, est un vrai passionné – relève de la trahison. La tension entre les deux frères est d'autant plus forte que leurs personnalités sont opposées. Piero affiche un tempérament de bâtisseur d'empire, très attaché à la terre de ses ancêtres. Créatif et curieux de tout, Ludovico rêve de fuir sa Toscane natale où il étouffe. La pression sur Piero Antinori se fait d'autant plus forte qu'à ce moment-là il n'envisage pas de passer le relais à ses filles, dont l'aînée, Albiera, n'a pas encore 18 ans. « À l'époque, j'avais une conception très tradionaliste du rôle des femmes, qui ne devaient pas se mêler des affaires familiales », reconnaît-il. Il décide donc de trouver un partenaire capable de racheter au moins une partie des actions de Ludovico et d'Illaria. Finalement, Piero Antinori fait entrer dans son entreprise le spécialiste des spiritueux et brasseur britannique Whitbread, à hauteur de 20 %. « S'adosser à Whitbread qui était notre distributeur aux États-Unis constituait un moyen d'assurer la pérennité familiale de notre affaire », estime-t-il. Pour certains observateurs, la plus ancienne entreprise viticole italienne est condamnée à finir dans le giron du roi de la bière britannique. Trois ans plus tard, Piero Antinori cède 28 % de plus à Whitbread pour assurer l'expansion de son entreprise, mais aussi sortir définitivement son frère et sa sœur de son capital.

Quand les Anglais débarquent en Toscane

Le choc de culture est violent entre la multinationale britannique et ce qui n'est encore qu'une grosse PME viticole. « Tout d'un coup, vous avez des gens qui vous disent ce que vous devez faire, et cela ne passe pas. En plus, ils ne connaissent pas l'Italie, ignorent tout du vin et sont obsédés uniquement par les résultats trimestriels. C'était vraiment trop dur à encaisser », confiait au *Wall Street Journal*[2]

Ludovico Antinori, qui détenait encore une partie de sa participation dans l'entreprise familiale. Pourtant, l'adossement au britannique s'avère assez fructueux pour Antinori. Sans sa prise de participation aux côtés de Whitbread dans Atlas Peak, un vignoble californien de 200 hectares, le groupe italien ne se serait pas implanté aux États-Unis aussi vite. Certes, rien n'est simple entre les deux partenaires. « Surtout pour Whitbread qui était coté en Bourse. Lorsque vous plantez une nouvelle vigne, vous voyez le premier *cash-flow* dix ans après. Les entreprises publiques n'ont pas l'estomac suffisamment solide pour attendre aussi longtemps », observe Piero Antinori. Difficile, en outre, d'annoncer à un conseil d'administration que vous avez décidé de déclasser entièrement une récolte ! Piero Antinori comme son directeur général Renzo Cotarella sont, en effet, intraitables sur ce point. Outre 1984, le sangiovese a été absent des grandes cuvées maison de 1972, 1973, 1974, 1976, 1992 et 2002. Quel vigneron au monde peut supporter de tels choix ?
Après une période de cohabitation relativement sereine malgré tout, une cascade d'événements compromet sérieusement la relation entre Antinori et Whitbread. Profondément attaché à son entreprise, Piero Antinori s'inquiète en particulier du rachat aux débuts des années 1990 de la division vin de Whitbread par une filiale du groupe anglais Allied Domecq. Dans le même temps, le marquis a compris que sa fille Albiera pourrait prendre sa suite avec ses deux sœurs. « Après mes études, je suis allée travailler dans nos vignobles de Castello della Sala en Ombrie. J'ai fini par attraper le virus du vin et par m'attacher à la terre », se souvient Albiera Antinori. Pourtant, c'est un autre événement qui pousse alors son père à bouger. « Je venais de faire une jolie plus-value sur la vente d'une participation minoritaire dans une petite compagnie d'assurances. Un de mes plus fidèles conseils, un comptable de l'entreprise, m'a alors dit que le meilleur investissement était de la réinvestir dans notre affaire

viticole », raconte Piero Antinori. La somme était bien trop modeste pour racheter les 48 % d'Allied Domecq mais assez conséquente pour permettre de débloquer un prêt bancaire. « Les dirigeants d'Allied Domecq n'étaient pas chauds pour vendre leur participation dans mon entreprise ! » se souvient-il. « Un jour, ils m'ont invité pour en discuter à Château Latour, le premier grand cru classé bordelais alors détenu par Allied Domecq. J'en suis ressorti avec quatre caisses de latour 1990, dont je n'ai pas encore ouvert une bouteille. Mais sans le moindre deal ! » Quelques mois plus tard, pourtant, il signait un accord de rachat. Pour la première fois de sa vie, le vingt-sixième représentant de la famille Antinori se retrouvait enfin seul maître de la propriété familiale.

De 1991 à 1998, Piero Antinori poursuit son expansion avec la prise de contrôle d'Atlas Peak, rebaptisé Antica depuis, du rachat de vignes à Malte, d'un vignoble de 90 hectares à Sovana dans le sud de la Toscane et de deux propriétés dans le sud de l'Italie. À l'époque, beaucoup se demandent comment le marquis Antinori peut à la fois acheter de nouveaux vignobles et rembourser ses dettes liées à la reprise des 48 % détenus par le groupe anglo-saxon. L'élixir secret de Piero Antinori s'appelle en fait Galestro. Fabriqué avec les raisins de trebbiano qui n'étaient plus utilisés pour la vinification du chianti, ce vin blanc léger au prix très abordable a connu jusqu'au milieu des années 1990 un succès inespéré. Avec plus de 400 000 caisses écoulées dans les meilleures années, le Galestro s'est avéré une belle machine à cash. « À Rome, ce vin était alors très à la mode, nous en avons vendu jusqu'à 1 million de bouteilles ! » se souvient Piero Antinori.

Impossible Ludovico !

L'intéressé reste pudique sur le sujet. Pourtant, Piero Antinori devait être interloqué ce 1er mai 2002 après l'annonce du rachat par feu Robert Mondavi, grande figure du vin américain, du domaine Ornellaia, le fameux « supertoscan » lancé au début des années 1980 par son frère Ludovico. Non seulement son frangin l'avait laissé tomber. Non seulement il était devenu son concurrent. Mais en plus, Ludovico n'avait même pas pris soin de le consulter avant de vendre son domaine à un étranger ! Presque voisine des vignobles du groupe Antinori dans la sublime région de Bolgheri, au sud de Pise, la Tenuta del Ornellaia produit des vins riches et profonds à partir de cépage bordelais planté sur 71 hectares. Porté aux nues par Robert Parker et dénoncé comme l'expression même d'une trahison du terroir par Jonathan Nossiter[1], ce vin figure parmi les *must* des collectionneurs. Du coup, son prix se rapproche de celui de certains premiers crus bordelais dans les millésimes les mieux cotés. « Peu de temps après la vente, Ludovico est venu me voir. Il avait compris son erreur et m'a demandé d'intervenir auprès de Robert Mondavi que je connaissais bien pour renoncer au rachat d'Ornellaia. Mais il n'a rien voulu savoir », raconte Piero Antinori. Et pour cause, Mondavi avait un autre projet en tête. Quelques mois plus tard, la famille Frescobaldi récupérait la moitié d'Ornellaia. Avant d'en devenir, en 2005, à la suite de la vente du groupe Mondavi à Constellation Brands, l'unique propriétaire. Depuis, les deux frères se sont réconciliés. Ils se sont même associés pour lancer un nouveau domaine, Tenuta di Biserno, dans la région de Bolgheri. « Ludovico a changé d'approche. Avec Ornellaia, il voulait se prouver quelque chose. Maintenant, il veut construire du solide qui dure avec le temps », observe Piero Antinori. Rabiboché avec son frère, il prépare désormais sa propre succession.

Albiera, Allegra, Alessia... Antinori

« Si tout se passe bien, je mettrai un terme à ma vie professionnelle en 2012. » La date n'est pas anodine. Ce départ à la retraite programmé coïncide avec l'inauguration des nouveaux chais ultramodernes, enfouis à flanc de colline sous les vignobles historiques de la famille, à San Casciano Val di Pesa. Depuis plusieurs années déjà, Albiera, Allegra et Alessia travaillent pour l'entreprise familiale. « Nous sommes des filles de la campagne, de la terre. C'est là que nous nous sentons le mieux, dans nos vignes », dit Albiera, sous l'œil approbateur de sa sœur Allegra. Aujourd'hui, chacune a un rôle dans l'entreprise. À 42 ans, Albiera, titulaire d'un master en communication, qui a étudié la viticulture et l'œnologie, pilote la « com » du groupe. Sa sœur Allegra, 37 ans, œnologue de formation, qui a travaillé chez Mondavi, s'occupe des investissements dans les *cantina*, des petits restaurants ouverts par Antinori à Vienne, Moscou et dans une de leurs propriétés en Toscane. Enfin, Alessia, 33 ans, diplômée en viticulture et en œnologie de l'Université de Milan, est chargée de la distribution aux États-Unis. Les trois sœurs rendent des comptes à leur père et à Renzo Cotarella, directeur général. Agronome et œnologue en chef de la maison, ce *manager* de 52 ans réputé ferme est l'homme de confiance de Piero Antinori. « Il est sa main droite, nous ne sommes que les doigts », observe Albiera.

Si la petite multinationale du vin joue sur l'effet de taille pour son marketing et sa distribution, ses dirigeants ont préféré conserver une organisation de la production très décentralisée. « Chacun de nos vins a ses propres spécificités, et le meilleur moyen d'impliquer les responsables des vignobles est de leur confier la totalité de la chaîne, de la vigne aux chais, jusqu'à la mise en bouteilles au domaine. Dans le cadre d'une charte de production et de qualité que nous leur fixons, bien sûr », souligne Cotarella. Composé de six membres, dont font partie Piero Antinori et ses trois filles, le conseil d'administration ne semble pas être le vrai lieu du pouvoir. Les sujets les plus délicats pour le « clan » Antinori figurent au menu du déjeuner dominical, qui se tient dans l'une des propriétés de la famille, près de Florence ou sur la côte Toscane. « Il nous arrive de nous fâcher entre sœurs. Mais je préfère des discussions franches plutôt que les non-dits », tranche Allegra. Reste à savoir comment sera réparti le pouvoir après le départ en retraite de Piero Antinori. À l'évidence, l'intéressé comme ses filles ne le savent pas encore. Pourtant, les trois sœurs doivent se mettre d'accord sur des règles claires de partage des pouvoirs. « Trop de membres d'une même famille dans une entreprise aboutit à la démocratie, ce qui n'est pas bon pour le business », faisait remarquer le couturier italien James Ferragamo dans le *Wall Street Journal*. Les filles Antinori n'ont pas oublié la douloureuse expérience de leur père confronté au départ concomitant de leur tante et de leur oncle. Autrement dit, les sœurs savent qu'elles sont condamnées à s'entendre pour prolonger l'aventure viticole initiée par leur ancêtre Giovanni di Piero Antinori.

1. *Mondovino*, réalisateur Jonathan Nossiter, 2004.
2. *Futuro Antico. The History of the Antinori Family and their Palace*, Stefano Calonaci – ed. Alinari, 2007.

Les meilleurs vins de la Maison Antinori de ces trente dernières années

- Tignanello (Toscana IGT) : 1990, 1993, 1997, 1998, 1999, 2000, 2001, 2003, 2004, 2005, 2006
- Solaia (Toscana IGT) : 1996, 1997, 1998, 1999, 2001, 2003, 2004, 2005, 2006
- Guado al Tasso (Bolgheri Estate) : 1998, 1999, 2000, 2001, 2003, 2004, 2005, 2006
- Marchese Antinori Riserva (Chianti Classico DOCG) : 1997, 2004
- Pian delle Vigne (Brunello di Montalcino DOCG) : 1998, 1999, 2001, 2003

Torres (Espagne) : des Catalans à la conquête de la planète Vin

Il en parle encore avec l'émotion du sportif qui vient de décrocher une médaille d'or aux jeux Olympiques. Miguel Agustín Torres n'est pas près d'oublier les Olympiades du vin, organisées un jour de septembre 1979 par le *Guide Gault et Millau*. Lors de cette dégustation à l'aveugle, son Gran Coronas Reserva Cabernet 1970 (rebaptisé depuis Mas La Plana) avait décroché la meilleure note devant... Château Latour, le mythique premier grand cru classé de Bordeaux. Inconnu du grand public et ignoré par la majorité des professionnels de l'époque, Miguel Agustín Torres venait d'inscrire son nom au palmarès des plus grands *winemakers* (« vignerons », en anglais) de la planète. « Cela a ouvert les yeux de beaucoup de gens », observe le vigneron catalan, alors qu'il hume un Manso de Velasco 2006, cru chilien de l'entreprise viticole catalane fondée en 1870.

Trente ans après la compétition vinique de Gault et Millau, la maison Torres s'affiche aussi bien à la carte des restaurants de luxe que chez les cavistes ou dans les rayons des supermarchés de 120 pays. Bien sûr, plusieurs vins de la maison comme l'élégant Grans Muralles 2001 du Penedes, le puissant Conde de Superunda 2003 du Chili ou le Cillar de Silos 2004 de la Ribera del Duero rivalisent avec les meilleurs. Pourtant, l'ambition de Miguel Agustín Torres n'est pas de fabriquer des bêtes à concours. « Notre objectif est de proposer des vins hédonistes pour tous les amateurs, quelle que soit leur fortune. Faire des vins qu'il faut expliquer pendant une demi-heure avant de les boire ne m'intéresse pas », explique-t-il. De ses vignes du Penedes, berceau historique du groupe catalan, à celles de la Rioja, de la Ribera del Duero ou du Priorat, en passant par celles de Californie et du Chili, sortent ainsi une soixantaine de vins, de 4 euros seulement à 150 euros le flacon. Actionnaire majoritaire d'une société avec 63 % du capital, Miguel Agustín Torres ne gère pas seul une maison qui vend plus de 65 millions de bouteilles dans le monde, emploie près de 1 000 personnes et réalise un chiffre d'affaires de 190 millions d'euros.

Au conseil d'administration, cet aventurier du vin est entouré de son frère Juan Maria, aujourd'hui retiré des fonctions opérationnelles, et de sa sœur Marimar, polyglotte et brillante œnologue formée à l'Université de Davis en Californie, passée par le Graduate Executive Program de Stanford et patronne de Marimar Torres Estate, le vignoble californien de la famille.

Entré dans le groupe en 1995, son fils Miguel Torres junior pilote les vignobles chiliens de la maison après avoir assumé la direction marketing. Enfin, sa fille Mireia coordonne les activités œnologiques et la recherche du groupe. Représentant de la cinquième génération de Torres, Miguel Torres junior pourrait prendre en 2012 la suite de son père. Alors âgé de 70 ans, Miguel senior devra, en effet, quitter la présidence opérationnelle de la maison, conformément au « protocole » qui régit la participation des membres du clan Torres au business familial. Même si le boss actuel devrait avoir beaucoup de mal à lâcher prise, tant cette affaire est devenue son enfant. Mais l'empire Torres n'existerait pas si un adolescent n'avait pas eu le courage de quitter sa famille et son pays pour tenter sa chance de l'autre côté de l'Atlantique.

Jaime Torres Vendrell, l'aventurier

Lorsqu'il embarque un jour de 1855 comme homme de cabine sur un navire qui relie Barcelone à La Havane, le fils de Joseph Torres et de Rosa Vendrell a 15 ans. Jaime Torres Vendrell fait partie de ces milliers de Catalans qui ont choisi d'émigrer à Cuba, alors colonie espagnole. Installés à Sant Pere Molenta, petit village du Penedes, ses parents sont de modestes paysans qui fabriquent un peu de vin pour eux et leurs voisins. Selon la règle, son frère aîné Miguel a hérité de la terre. Au lieu de s'engager dans l'armée ou dans l'église comme le veut la tradition à l'époque, Jaime Torres Vendrell a décidé de partir. Arrivé à La Havane, il est d'abord embauché pour 1 peso la semaine dans une épicerie par l'un de ses compatriotes. Mais plutôt que d'aller boire son salaire, ce gros bosseur multiplie les petits boulots et parvient à se constituer au bout de quelques années un modeste pactole de 500 pesos. Jaime a un avantage sur nombre de ses coreligionnaires. Il sait lire et écrire. Soucieux de placer ses économies, il décide d'investir ses 500 pesos dans une compagnie pétrolière texane. L'audacieux Catalan envoie alors une lettre aux dirigeants de celle-ci et leur demande si par hasard ils ne chercheraient pas un distributeur à Cuba. Son culot fait mouche, et il s'installe

comme importateur de pétrole texan à Cuba. À 30 ans, Jaime Torres Vendrell est devenu un homme très riche. Mais il a le mal du pays. À son retour en 1870, cet *Indiano* (surnom donné aux Espagnols qui ont fait l'aller-retour vers Cuba) est accueilli presque en héros à l'instar de ceux qui reviennent sur leur terre natale les poches pleines.
Il propose alors à son frère Miguel de lancer une société d'exportation de vin en vrac, d'abord vers Cuba puis vers Puerto Rico et l'Argentine. « Mon ancêtre avait compris qu'il existait là-bas un énorme potentiel », explique Miguel Agustín Torres. Les deux frères construisent ainsi leur première cave devant la gare de Vilafranca, une petite bourgade du Penedes. Achetés à des vignerons locaux, les vins étaient assemblés à la cave, et une partie faisait l'objet d'une mutation à l'alcool. Les barriques partaient ensuite de la gare de Vila franca pour le port de Barcelone. À son arrivée de l'autre côté de l'Atlantique, le vin était mis en bouteilles avant d'être vendu, selon la recommandation expresse de Jaime Torres. À leurs débuts, les frères Torres ont aussi exporté du vin en France, victime du phylloxéra avant la Catalogne. Parallèlement à son négoce, Jaime Torres fonde un journal local, *El Comercio*, et une entreprise textile. Quelques années plus tard, Juan Torres Casals, fils de Miguel Torres Vendrell, rejoint son oncle et son père. Les trois hommes inventent alors le logo, les trois tours (*torres* signifiant « tours » en espagnol) qui ornent encore aujourd'hui les bouteilles de la maison. Après le décès successif de Jaime puis, un an plus tard, de Miguel Torres Casals, Juan Torres reprend l'entreprise en 1906 et développe la très juteuse activité de brandy de la maison. « Son principal mérite est d'avoir résisté à la crise économique des années 1930, observe Miguel Agustín Torres. Très près de ses sous, il n'a pas hésité à se rendre à Cuba à plusieurs reprises pour faire payer les clients récalcitrants. » Lorsqu'il décède en 1932, ce businessman pas vraiment passionné par le vin laisse une affaire relativement saine à son fils Miguel Torres Carbos.

Miguel Torres Carbos, survivant de la guerre civile espagnole

Miguel termine tout juste ses études de pharmacie lorsqu'il doit reprendre l'affaire familiale. Il n'a que 23 ans. La tension politique monte chaque jour d'un cran en Espagne. L'assise politique des gouvernements successifs s'érode tandis que les mouvements insurrectionnels menés par les mouvements ouvriers gagnent de l'ampleur, malgré les tentatives de répression. Après le coup d'État militaire raté de juillet 1936, le fameux Pronunciamiento, l'Espagne se divise en deux camps : nationaliste et républicain, politiquement et géographiquement. Favorable à la république, le gouvernement de la Catalogne tombe entre les mains des insurgés, menés principalement par la Confédération nationale du travail (CNT), tandis que les ouvriers prennent le contrôle des entreprises. Menacés d'exécution sommaire, nombre de chefs d'entreprise quittent la Catalogne, se cachent ou rejoignent les régions tenues par les troupes nationalistes du général Franco. Miguel Torres Carbos, lui, ne souhaite pas quitter Vilafranca. Pourtant, lorsque le négociant en vin apprend qu'il figure sur la liste des condamnés à mort, il part se réfugier à Barcelone. « À l'époque, cela ne plaisantait pas des deux côtés », insiste son fils. Arrivé dans la capitale catalane, il travaille dans une pharmacie. De temps à autre, ses ouvriers lui demandent de passer à Vilafranca pour les aider à gérer la maison. À l'occasion de ses visites clandestines dans sa propre entreprise, le négociant repart à Barcelone avec un peu de vin qu'il troque contre de la nourriture. Quelques mois plus tard, la guerre civile le rattrape. Miguel Torres Carbos est enrôlé dans un régiment de cavalerie de l'armée républicaine catalane, aux côtés de ceux-là mêmes qui militaient pour exécuter les patrons comme lui. Mais au lieu de l'envoyer au front, ils préfèrent utiliser ses connaissances de pharmacien. Il est ainsi affecté à la fabrication de vaccins pour les chevaux. Début 1939, la Catalogne tombe aux mains des franquistes, comme le reste de l'Espagne. Miguel Torres Carbos est arrêté, puis placé dans un camp de prisonniers avant d'être jugé. Heureusement, l'un de ses cousins qui a combattu avec les franquistes parvient à le faire libérer. À son retour de captivité, Miguel Torres Carbos récupère une maison et des chais détruits par les bombardements franquistes. « À sa place, beaucoup auraient fait une croix sur le vin pour ouvrir une pharmacie. Pas mon père ! » observe Miguel Agustín Torres. Très vite, Miguel Torres Carbos décide de reconstruire. Le peu d'or qu'il avait caché ne suffit pas, mais ses banquiers sont d'accord pour financer la reconstruction des chais. Prudent, le négociant en vin part pour Cuba afin de s'assurer que ses anciens clients sont prêts à lui passer des commandes. Rassuré, il envoie un télégramme de La Havane : « Tout va très bien, vous pouvez lancer le chantier. » Deux ans plus tard, il lance le Coronas, premier vin de la maison vendu en bouteilles.

Spanish chablis

Alors que la France est sous occupation allemande, le négociant espagnol se rend à New York. Ses clients américains sont inquiets face à l'arrêt quasi total des importations de vins français. L'occasion est trop belle pour Miguel Torres Carbos. Sans le moindre état d'âme, il leur propose de fabriquer des chablis, des bourgognes et des sauternes... espagnols ! Aussitôt dit, aussitôt fait. Mis en bouteilles à Vilafranca à partir de vins d'assemblage ibériques, les « *Spanish chablis* » et autres « *Burgos wine* » inondent le marché américain. « À l'époque, les appellations d'origine contrôlée n'existaient pas. Mon père n'était pas le seul à faire ça, plaide aujourd'hui Miguel Agustín Torres. Même si je sais que cette histoire a de quoi contrarier mon ami Robert Drouhin comme tous les vignerons français ! » L'opération est si juteuse qu'elle se poursuit après la guerre. Pour éviter les risques de procès, Torres y met fin en 1947. Réalisé à partir de parellada, un cépage habituellement utilisé pour le cava (le champagne catalan), le *Spanish chablis* est depuis commercialisé sous le nom de Vina Sol. Malgré les réticences de certains pays face au régime franquiste, feu Miguel Torres Carbos développe sa marque à l'international. Il n'hésite pas à se rendre dans les régions les plus reculées du monde pour faire des affaires. « Parfois son comptable lui disait : "Mais votre voyage a coûté une petite fortune et vous n'avez vendu que quelques caisses" », raconte aujourd'hui Miguel Agustín Torres, son fils. « Pourtant, cela lui a permis de nouer des contacts dans le monde entier. » Autrement dit, sans ce travail de fourmi, la marque Torres n'aurait pas atteint une dimension planétaire. « Aujourd'hui encore, je rencontre des vieux importateurs qui me disent : "Je revois encore votre père là, à votre place, avec sa petite valise en train de me faire l'article" ! » Mais si Miguel Torres Carbos, décédé en 1991, était un redoutable commercial, il se préoccupait peu de la qualité des vins qu'il vendait. Pourvu qu'ils se vendent !

Et si on faisait du vin nous-mêmes ?

À son retour de l'université d'œnologie de Dijon, Miguel Agustín Torres, fils de Miguel Torres Carbos, n'a qu'un seul rêve : faire du vin. Son passage en Bourgogne a été une révélation. Malgré la relative notoriété des vins de la Rioja, l'Espagne viticole et plus encore le Penedes accusent un retard considérable par rapport à la France. En Bourgogne, les négociants ne se contentent pas d'acheter des vins en vrac, ils achètent des raisins aux viticulteurs et réalisent eux-mêmes la vinification. Beaucoup possèdent même carrément des vignobles. « À mon retour de Dijon, j'ai proposé à mon père de faire du vin à la maison », raconte Miguel Agustín Torres. À l'époque, la maison commercialise un blanc sec, deux vins doux, un rosé et un rouge léger. Dès 1964, la maison achète du raisin pour faire du blanc, puis du rouge. Dans le même temps, Miguel Agustín Torres parvient non sans mal à remettre la main sur 2 hectares de terre, dernier petit morceau de la modeste propriété familiale que son père avait mal vendue dans les années 1930. « Personne ne savait où se trouvait ce terrain. Même pas mon père. Heureusement, je suis tombé sur un vieux tonnelier qui savait où il se situait ! » À peine a-t-il posé le pied sur cette terre à l'abandon que déjà il s'impatiente de pouvoir y tester tous les cépages qu'il a découvert lors de ses études d'œnologie. Riesling, gewurztraminer, cabernet-sauvignon, merlot, et même nebbiolo sont ainsi plantés. Trois ans plus tard, Miguel Agustín Torres s'apprête à vendanger les premiers raisins de sa première « collection » comme il l'appelle. Mais une chute violente de grêle réduit ses efforts à néant. À la suite des premières microvinifications effectuées les années suivantes, il décide de jouer la carte du cabernet-sauvignon. Il n'est pas le premier à le faire. La Bodega Juan Leon, rachetée par Torres, a été précurseur dans ce domaine. Mais Torres, lui, lance des vins principalement ou majoritairement élaborés à partir de ce cépage, comme le Gran Coronas ou le Mas La Plana. Dans les blancs, il est le premier à introduire le gewurztraminer en Espagne (Viña Esmeralda) et la vinification à basse température. « Petit à petit, nous améliorons notre connaissance des sols, des cépages et du climat », raconte-t-il. Mais ses efforts qualitatifs concernent aussi les cépages autochtones comme le grenache et parellada auxquels il donne leurs lettres de noblesse. Du coup, la différence de qualité entre les raisins maison et ceux achetés aux viticulteurs locaux est abyssale. « Nous avons mis des années pour qu'ils acceptent de réduire les rendements », souligne le négociant catalan.

L'aventure chilienne

Hanté par ses souvenirs de la guerre civile, Miguel Torres Carbos s'interroge sur l'avenir de l'Espagne, au lendemain de la disparition du général Franco, le 20 novembre 1975. Pas question pour lui qu'une nouvelle révolution lui confisque tous ses biens. Par précaution, il demande à son fils de prospecter de nouveaux vignobles afin de ne pas avoir tous ses œufs dans le même panier. Après avoir arpenté la Californie et l'Argentine, le fiston tombe littéralement en extase devant la vallée centrale du Chili (Curico). « Qu'il s'agisse des sols ou du climat, c'est le paradis pour faire du vin ! » s'exclame-t-il. À l'époque, les Européens évitent soigneusement d'investir en raison de la dictature du général Pinochet. Mais Miguel Torres Carbos est un pragmatique, pour ne pas dire un cynique. « Nous avons survécu à Franco pendant quarante ans, nous survivrons bien à Pinochet, m'a alors dit mon père », se souvient Miguel Agustín Torres. Avec l'aide d'un ami chilien rencontré pendant ses études à Dijon, courtier en vin, il repère un domaine de 100 hectares qu'il achète pour 200 000 dollars de l'époque. « Qu'il s'agisse des cuves, des pressoirs, bref de tout le matériel, nous avons tout fait venir d'Espagne. Mais nous avons eu la chance de trouver sur place des gens qui possédaient une vraie tradition viticole », observe Miguel Agustín Torres, qui paie ses employés quatre fois le salaire chilien de base. Pour tous les spécialistes, le vigneron espagnol a révolutionné la façon de faire du vin au Chili, en s'appuyant sur des vignes parfois très anciennes de cépages autochtones comme le carmenère ou internationaux comme le cabernet-sauvignon qui n'ont pas été touchés par le phylloxéra. « Dans les rouges, notre objectif est de faire des vins équilibrés, pas forcément superconcentrés et le plus chiliens possible dans leur expression aromatique, précise Miguel Agustín. Je ne souhaite pas faire des bordeaux ou des californiens au Chili. » Vingt ans plus tard, la maison possède 230 hectares de vignes, et produit des blancs et des rouges techniquement impeccables – et, pour les meilleurs, plutôt moins extraits et moins boisés dans l'ensemble que nombre de leurs concurrents locaux.

Marimar Torres, l'antidote contre les « machos »

Tandis qu'ils se préparent à vinifier leurs premières cuvées chiliennes, Marimar Torres, sœur de Miguel Agustín, rachète en 1984 quelque 22,5 hectares de vignes dans la Russian River Valley, en Californie, près de Sébastopol, à 80 kilomètres au nord de San Francisco et à 16 kilomètres de la côte Pacifique. « Mon père m'avait donné un budget de 800 000 dollars pour la terre et pour la vigne », raconte-t-elle. Planté en chardonnay, pinot noir, parellada, le Marimar Estate fait désormais partie des valeurs sûres des vins californiens, et se rapproche doucement mais sûrement des meilleurs crus de son appellation. Bardée de diplômes et dotée d'une très forte personnalité, cette businesswoman est devenue une vigneronne reconnue et auteure de deux best-sellers américains sur la gastronomie et le vin espagnol.

Pour persuader ses frères Miguel Agustín et Juan Maria mais aussi son père, Miguel Torres Carbos, de la laisser mener à bien ce projet, Marimar Torres a d'abord dû faire ses preuves dans un monde du vin alors totalement masculin et dans une Catalogne très tradionaliste. Pas simple de résister à des parents qui rêvent de la voir mariée à une grosse fortune, si possible dans le vin. Difficile de partir vivre en 1975 aux États-Unis contre leur gré, avec un homme dont elle a divorcé depuis. Même son frère Miguel Agustín a longtemps hésité avant de lui faire confiance. « Lorsque je vivais encore en Espagne, je lui ai demandé si je pouvais participer aux dégustations avec son équipe. Il m'a regardé comme si je lui demandais d'aller sur la Lune et m'a expliqué que cela pouvait perturber la dégustation ! » raconte Marimar.

Devenue ambassadrice de la marque outre-Atlantique, cette redoutable femme d'affaires a multiplié par dix en une décennie les ventes de la maison et fait ainsi tomber les réticences de son frère Miguel. Après avoir réussi à mettre son prénom sur les étiquettes de son vin et à améliorer leur qualité, elle a entamé la conversion de son vignoble en bio et en biodynamie. Aujourd'hui, elle ne regrette pas d'avoir eu le courage de quitter sa Catalogne natale. « Lors d'un dîner à New York, mon père m'a dit : "Ton frère Miguel doit être le patron." Il a donc reçu 51 % des actions, et nous avons dû partager le reste avec mon frère Juan Maria. C'était le prix à payer pour mon indépendance. En Espagne, je reste une Torres. Aux États-Unis, je suis Marimar. » Certes, Marimar Torres ne détient plus que 17 % du groupe familial, mais elle possède 60 % d'un patrimoine viticole qui s'est étoffé avec l'acquisition d'un vignoble de 73 hectares dans la Sonoma Coast. Maîtresse chez elle, cette *winemaker* de 62 ans rêve de pouvoir transmettre l'affaire à sa fille Cristina, 20 ans, née de sa relation avec un homme rencontré après son premier divorce et qui ne partage plus sa vie aujourd'hui.

Torres prophète en son pays ?

La visite du roi Juan Carlos, le 17 juillet 1995, de la *bodega* familiale de Pacs, au cœur du Penedes, l'année même du cent vingt-cinquième anniversaire de la maison, constitue un couronnement national pour les Torres. Pourtant, si Miguel Agustín est alors reconnu comme porte-drapeau des vins du Penedes et a su s'imposer à l'international, le groupe a délaissé d'autres régions viticoles espagnoles, elles aussi en plein renouveau. Qu'il s'agisse de la Rioja, de la Ribera del Duero, du Priorat, puis de la région de Toros, les vins ibériques ont connu, sous l'impulsion de vignerons dynamiques comme Alvaro Palacios ou Michel Barbier et quelques autres, une révolution qualitative. Le groupe Torres regarde alors passer les trains. « Mon frère Juan Maria me disait d'aller en Rioja. Je lui répondais non, car j'estimais que nous faisions du meilleur vin en Catalogne », se souvient Miguel Agustín Torres.

Du coup, ce dernier choisit d'abord de miser dans les années 1990 sur le renforcement de son réseau de distribution dans le monde, avant d'investir dans d'autres régions viticoles ibériques. « Nous voulions être capables de rivaliser avec les grandes boîtes californiennes et australiennes. Pour ça, il fallait avoir une distribution mondiale », analyse-t-il. Des États-Unis à la Chine, en passant par l'Inde ou l'Angleterre, le groupe prend ainsi une participation de 10 % dans ses distributeurs locaux. « Cela permet de nouer des partenariats à long terme. Les distributeurs n'ont pas la crainte de nous voir partir au bout de cinq ans pour la concurrence une fois la marque installée », observe Miguel Agustín Torres. Pourtant, sous l'impulsion de son fils, il décide d'étendre son empire en Espagne. « Une marque mondiale comme Torres ne peut pas faire l'impasse sur les grandes appellations espagnoles », tranche Miguel Torres junior.

Après avoir acheté 160 hectares de vigne à Jumilla en 2003, il met la main sur 40 hectares en appellation Toro, puis sur 7 hectares en Ribera del Duero, et finit par craquer pour la Rioja en reprenant un vignoble de 52 hectares à Labastida. Là encore, Miguel Agustín Torres refuse d'acheter des maisons établies. Les Torres préfèrent bâtir eux-mêmes. « Lorsque vous achetez un domaine, vous reprenez un nom, une histoire et des salariés avec leur façon de faire les choses et des valeurs qui ne sont pas forcément les vôtres, observe Miguel Agustín Torres. Pour moi, il faut toujours que la marque Torres soit mise en avant sur l'étiquette. » Dans un de ses livres[1], Miguel Agustín s'élève en effet contre les réglementations viticoles espagnoles et

européennes beaucoup trop rigides à ses yeux. « Les marques représentent pour moi une meilleure garantie de qualité pour le consommateur que les systèmes d'appellation », tranche-t-il.
Qu'il s'agisse des rejets liés à la production de vin ou du traitement des sols et de la vigne, le groupe Torres affiche une démarche environnementale très volontariste. Fondée sur une conviction sincère de la famille, elle fait aussi partie de la stratégie marketing du groupe. Là, comme dans le vin, Miguel Agustín Torres joue sur les deux tableaux. D'un côté, il ressuscite et valorise les cépages du Penedes. De l'autre, il produit des vins abordables, fabriqués selon un style international. Ses enfants parviendront-ils à conserver l'équilibre entre l'authenticité et l'indispensable écoute du consommateur ?
« Mireia et Miguel s'entendent très bien, je ne suis pas inquiet pour la transmission de l'entreprise », nous assure-t-il. Pourtant, le pari n'est pas gagné d'avance. Probable successeur, formé à l'école Danone et actuellement responsable de la société chilienne, Miguel Torres junior affiche un tropisme principalement marketing. À l'inverse de Mireia, qui rêve sans doute secrètement de faire des grands vins d'auteur et de pouvoir mettre, elle aussi, son prénom sur l'étiquette, comme sa tante Marimar. Ne serait-il pas temps que les hommes de cette famille partagent le pouvoir avec les femmes ? « Je pense que mon neveu et ma nièce peuvent très bien codiriger le domaine », tranche Marimar Torres, bien décidée à soutenir sa nièce Mireia face à ses oncles et à son propre frère.

1. *Viño Espagñol : un incierto futuro*, Editorial Blume, 1979.

Les meilleurs vins de la Maison Torres de ces trente dernières années

- Torres Grans Muralles (Conca de Barbera) : 2001
- Torres Mas La Plana Gran Coronas (Penedes) Black Label : 2003
- Miguel Torres Manso de Velasco (Vallée de Curico, Chili) cabernet-sauvignon vieilles vignes : 2006
- Cillar de Silos Torre Silo (Ribera del Duero) : 1999, 2000, 2005
- Torres Salmos (Priorat) : 2005
- Torres de Anguix D'Anguix : 2001

Sélection de cuvées récentes de Miramar Torres

- Marimar Estate, Chardonnay Russian River Valley : 2007
- Marimar Estate, Syrah Tempranillo Russian River Valley : 2006
- Marimar Estate, Pinot noir Russian River Valley : 2006

Index des personnes citées :

Bibliographie

Bazin (Jean-François), *La Romanée-Conti*, Jacques Legrand, 1994.
Bettane (Michel) et Desseauve (Thierry), *Les Plus Grands Vins du monde*, Minerva, 2006.
Calonaci (Stefano), *Futuro Antico. The History of the Antinori Family and their Palace*, Alinari, 2007.
Challenges, 1er février 2007.
Figaro (Le), 4 août 2008.
Hugel (André), *Chronique de la grande guerre à Riquewihr*, J. D. Reber, 2003.
Johnson (Hugh), *Une histoire mondiale du vin. De l'Antiquité à nos jours*, Hachette Littératures, 2006.
Kladstrup (Don and Petie), *Wine and War, The Nazis and the Battle for France Greatest Treasure*, Bantam Books Date, 2002.
Kladstrup (Don et Petie), *La Guerre et le Vin*, Perrin, 2005.
Olney (Richard), *Romanée-Conti*, Flammarion, 1998.
Parker (Robert), *Le Guide Parker des vins de Bordeaux*, Solar, 2005.
Parzych (Cynthia) et Turner (John), « Pol Roger & Co », Cynthia Parzych Publishing, 2000.
Poussier (Olivier), Gerbelle (Antoine), Poels (Olivier), *Les Meilleurs Vins de France 2008*, éd. La Revue du vin de France, 2008.
Revue du vin de France (La), novembre 2005.
Revue du vin de France (La), juillet 2006.
Revue du vin de France (La), août 2007.
Revue du vin de France (La), juillet-août 2008.
Saint-Julien (Hervé), *Bollinger. Une certaine idée du champagne*, Romain Pages Éditions, 2004
Wilson (Derek), *Les Rothschild*, Stock, 1989.

Filmographie

« Les dynasties du vin, les nouveaux héritiers », Zone interdite, 20 août 2008.
Mondovino, réalisateur Jonathan Nossiter, 2004.

Diplômé du mastère en commerce international des vins et spiritueux de l'École supérieure de commerce de Dijon et grand reporter au magazine *Challenges*, **Jean-Pierre de La Rocque** est notamment l'auteur de plusieurs articles sur les grandes familles du vin pour *la Revue du Vin de France*.

Corinne Tissier est journaliste économique, ancienne collaboratrice du *Nouvel Économiste*, coauteur de *L'Enfer des riches* paru aux éditions Albin Michel en 2004. Elle a réalisé de nombreuses enquêtes sur les grands noms du champagne et du luxe.

Direction : Jean-Louis Hocq
Direction littéraire : Suyapa Granda Bonilla
Rédaction : Sylvie Gauthier
Édition : Marion Guillemet- Bigeard
Graphisme : Julia Philipps

ISBN : 978-2-263-04870-8
N° d'éditeur : S04870
Dépôt légal : août 2009
Imprimé en France par CPI Bussière
N° d'impression : 092128/1